CONTRA EL DESCONTENTO

Esta obra obtuvo el Premio Paidós 2026, concedido por el jurado integrado por Adela Cortina Orts, Gabriel Rolón, Adolfo García Ortega, Gonzalo Celorio Blasco y Elisabet Navarro Sánchez, el 21 de enero de 2026 en Barcelona.

Cristina Monge

CONTRA EL DESCONTENTO

Por una alianza para construir futuros deseables

Premio Paidós
2026

PAIDÓS®

Obra editada en colaboración con Editorial Planeta - España

Bajo el sello editorial PAIDÓS M.R.
Avenida Presidente Masaryk núm. 111,
Piso 2, Polanco V Sección, Miguel Hidalgo
C.P. 11560, Ciudad de México
www.planetadelibros.com.mx
www.paidos.com.mx

Primera edición impresa en España: febrero de 2026
ISBN: 978-84-493-4495-4

Primera edición impresa en México: abril de 2026
ISBN: 978-607-639-211-9

Impreso en los talleres de Litográfica Ingramex, S.A. de C.V.
Centeno núm. 162-1, colonia Granjas Esmeralda, Ciudad de México
Impreso en México – *Printed in Mexico*

A las constructoras y los constructores de futuros.
A las compañeras y compañeros de Más Democracia,
que no cejan en el empeño.
Para que sigan en ello.

Sumario

Introducción
Descontento y malestares

Vivimos con la sensación de que atravesamos crisis superpuestas que nos sitúan en una encrucijada irresoluble. Se nos olvida que la idea de crisis, cuando aterriza sobre algo, tiende a ser pegadiza y parece que nunca va a abandonarlo. Cuando aún estudiaba bachillerato y empezaba a compartir debates y militancias en movimientos sociales, empecé a intuir que lo de «la crisis de la izquierda» no era nada nuevo. Enseguida los libros me mostraron que, en efecto, la idea de crisis había ido siempre unida a la izquierda. Hoy me sucede algo parecido con la «crisis de la democracia».

Ya entonces me provocaba un profundo malestar ver cómo se diagnosticaban por enésima vez los problemas sin que las fuerzas de izquierda fueran capaces de darles solución o de encontrar vías por donde avanzar de manera proactiva. Ahora tengo una sensación similar, pero con una diferencia: hace años que me empeñé en intentar aportar alguna idea, por pequeña que sea, para salir de los desaguisados que tan profusamente solemos describir. Creo que cualquiera que, como yo, tenga el privilegio de vivir entre lecturas, debates y reflexiones sobre los asuntos públicos debería adoptar este compromiso. No se trata de ser optimistas o pesimistas —expresiones que aborrezco por lo que tienen de simplistas—, sino de adoptar una disposición, un compromiso ético para que cada cual aporte lo que pueda. Datos, información y conocimiento al servicio de la transformación social; material para el debate, la crítica y la deliberación que nos permita conocer mejor los retos que nos rodean para poder darles alternativas razonables.

Hoy creo que es más importante aún —si cabe— adoptar ese compromiso e intentar vislumbrar algunas salidas al poliédrico trance que atravesamos. Posiblemente serán equivocadas, pero dado que afrontamos desafíos de enorme complejidad a los que nunca hemos hecho frente, más valdrá que nos equivoquemos pronto, porque una multiplicidad de malestares, de sufrimientos tanto materiales como emocionales, ha despertado una ola de descontento que recorre las democracias representativas. Con matices y diferencias en cada región y cada país, ese descontento está erosionando la idea de representación, la adhesión a valores liberales y progresistas y, finalmente, la convivencia. Hay quien se pregunta cuándo las democracias, antaño máquinas de bienestar, se convirtieron en lo contrario, en máquinas de malestar. Si damos con las respuestas adecuadas, estaremos más cerca de mejorar nuestra convivencia —fin último de toda política— y más lejos de los autoritarismos que acechan a la vuelta de la esquina.

Cada vez que un país llama a sus ciudadanos y sus ciudadanas a votar, fuerzas de impugnación del sistema ganan posiciones entre el electorado, llegando incluso a posiciones de gobierno. Si en otros momentos de la historia esas fuerzas abrazaban valores progresistas, hoy se trata de formaciones ultraderechistas, o «neorreaccionarias», para describirlas con mayor precisión. Es decir, movimientos de extrema derecha, antidemocráticos, ultraconservadores, tradicionalistas y aceleracionistas que se describen como «la antítesis de la Ilustración», porque niegan, entre otras cosas, el valor del igualitarismo. La Argentina de Milei y los Estados Unidos de Trump son ejemplo de ello. En otros países, como Hungría o Italia, la ultraderecha tiene perfiles distintos, pero no deja de cuestionar y socavar muchos de los consensos sobre los que se ha fundado la democracia. Junto a ellos, los «tecnofeudalistas» propugnan la vuelta a formas políticas propias del Antiguo Régimen, esta vez de la mano de los «señores tecnofeudales», gigantes tecnológicos con capacidad para controlarlo todo.

Aunque hay países que ya han vivido subidas espectaculares y posteriores bajadas de estos partidos, el curso general desde hace más de un lustro es de un incremento progresivo de los apoyos electorales a tales formaciones, una mayor penetración de su discurso y una influencia cada vez más clara en las derechas sistémicas. En ocasiones, ni siquiera hace falta que la ultraderecha o los neorreaccionarios gobiernen para imponer sus políticas. Basta con que sus votos sean necesarios para la gobernabilidad, como ocurre en España allá donde la derecha tradicional del Partido Popular necesita a la ultraderecha de Vox para estar en los ejecutivos locales o autonómicos. En otras ocasiones, es suficiente con que consigan asustar a quienes ocupan de momento el poder, como en Francia.

Lejos del desprecio a sus votantes o de la descalificación fácil, es urgente entender qué está pasando en nuestras sociedades para que una parte creciente de la ciudadanía considere que la democracia ha dejado de ser una oferta interesante, algo que defender.

Lo que vamos conociendo del apoyo a la ultraderecha remite a una amplia gama de malestares difusos que tienen de telón de fondo la incertidumbre que envuelve el presente y el futuro; la inseguridad y su correlato, el miedo, así como una serie de desigualdades estructurales que se manifiestan de forma cada vez más clara en una profunda división entre las élites políticas, económicas y culturales, por un lado, y el conjunto de la sociedad, por el otro. En muchas ocasiones, el territorio emerge como base material de esa división.

Las paradojas se multiplican. Catástrofes producidas o que adquieren mayor virulencia a consecuencia del cambio climático, como inundaciones, sequías u olas de calor, provocan una espiral de malestar y descontento que acaba dándole ventaja a fuerzas políticas que precisamente se caracterizan por negar o cuestionar la importancia del cambio climático, como ha ocurrido en España con Vox tras la última dana en Valencia. Los gurús y propietarios de grandes empresas tecnológicas, que han crecido promoviendo la globalización, son hoy aliados de un Donald Trump que se envuelve en la bandera proteccionista y nacionalista de Estados Unidos y cuestiona esa misma globalización o intenta convertirla en una nueva versión del proceso colonial y el sometimiento a gran escala de otros pueblos y ámbitos geográficos. Quienes claman por la desregulación y la minimización del Estado y rechazan cualquier política dirigida a combatir la desigualdad reciben buenos apoyos de las clases populares, precisamente las que más sufren los efectos de esa desigualdad. Ahí está Milei con su motosierra.

En este contexto, la desconfianza es una de las claves que define lo que va de siglo. Desconfianza en los órganos de intermediación de la democracia que corroe las instituciones hasta el punto de cuestionar su capacidad para hacer frente a los desafíos del día a día e imposibilitar que cumplan sus funciones. ¿Cómo pueden los partidos políticos agregar las preferencias sociales, formar y seleccionar a quienes nos han de representar o formular propuestas políticas si menos del 10 % de la población dice confiar en ellos, según los últimos Eurobarómetros? ¿Cómo pueden los medios de comunicación articular la conversación pública si apenas tres de cada diez ciudadanos creen en la información que leen o escuchan? ¿Cómo podemos aportar argumentos basados en conocimientos de personas expertas si estas están cada vez más cuestionadas y, en muchos casos, denigradas?

Lo peor de la batalla de Trump contra Harvard ya no es tanto el hecho, coherente con su discurso y su política, como la certeza, que tanto él como los suyos tienen, de que no solo no les va a pasar factura, sino que, más bien al contrario, les va a ayudar a cohesionar sus apoyos. Su afrenta contra Harvard no es contra la élite, a la que defienden, sino contra esa otra élite que valora una buena formación, disfruta del conocimiento y defiende los valores liberales, heredera de los principios de esa Ilustración a la que ellos quieren combatir. Por el contrario, las élites a las que Trump protege y representa son élites iliberales, y en este iliberalismo encuentra el aplauso —y los votos— de muchos de los que menos tienen. Para haber llegado hasta aquí, tanto los demócratas norteamericanos como los izquierdistas latinoamericanos y los socialdemócratas europeos han tenido que cometer numerosos errores.

Un profundo sentimiento de desconfianza hacia todo lo que suene a sistema, a poder instituido, que se extiende hacia el conjunto de la sociedad e incluso a nosotros mismos, abre las puertas a una ultraderecha especialmente hábil a la hora de detectar las brechas de las estructuras institucionales y contaminar la conversación pública, parte esencial de la convivencia en democracia.

Desigualdad y desconfianza son dos claves de las sociedades occidentales actuales que actúan en un contexto donde cada vez somos más conscientes de los retos a los que nos enfrentamos. La crisis ambiental, la revolución digital, la reacción ante el avance del feminismo o los movimientos de personas aparecen en el horizonte como enormes desafíos. La incertidumbre se ha apoderado del siglo XXI.

¿Quién va a gestionar estos retos si no confiamos en nadie?

En efecto, la percepción de desconfianza se incrementa al preguntar quién va a hacerse cargo de semejante panorama. La respuesta adquiere especial trascendencia, dado que del éxito de tal gestión dependerá que la vida siga siendo posible en el planeta, que la tecnología ayude a mejorar la convivencia y la democracia, y que los movimientos de personas sean una oportunidad para los que llegan y los que les recibimos. Si estos retos se convierten en oportunidades, ayudarán a mejorar nuestra convivencia y a recuperar la confianza. En caso contrario, pueden acelerar los procesos de erosión y corrosión de las democracias.

Permítanme el atrevimiento y dejen que les presente unas cuantas ideas que podrán debatir, enmendar o poner en cuestión, ya sea parcial o totalmente. No teman hacerlo: las personas somos respetables, las ideas no. Por eso, las siguientes páginas pretenden ser una aportación que nos ayude a entender los malestares, para a continuación identificar las enormes oportunidades que se pueden abrir si los desafíos de futuro se gestionan con éxito, conscientes de la responsabilidad que tenemos de ponernos manos a la obra.

Es probable que buena parte de las propuestas que aquí se plantean sean vistas como un ejercicio de voluntarismo, de «buenismo», como se acostumbra a decir últimamente. Quizá sea así, aunque no es esa la intención. En cualquier caso, si quien así lo considera tiene propuestas mejores o es capaz de proponer otras alternativas, bienvenidas sean, discutámoslas. Si la lectura de estas páginas ayuda a suscitar esos debates y a identificar posibles salidas, habrán cumplido su cometido con creces.

Desafíos en la historia ha habido muchos y de una forma u otra se han abordado. ¿Por qué habría de ser diferente ahora? El futuro no está escrito y, como trataré de mostrar a lo largo de este ensayo, la mejor forma de predecirlo es construyéndolo. ¿Vamos a ello?

PRIMERA PARTE

EL ORIGEN DEL DESCONTENTO

CAPÍTULO 1
Lo que ayer era indignación hoy ha mutado en decepción

> Nuestros sueños no caben en sus urnas.
>
> París, Mayo del 68; Madrid, 15M

La segunda victoria de Trump y el ascenso de la ultraderecha en Europa han dado un nuevo impulso a un debate que, en el fondo, hace más de una década que irrumpió en nuestras vidas. ¿Cómo y por dónde están fallando nuestras democracias y nuestros Estados del bienestar? ¿Por cuáles de las brechas abiertas están entrando como termitas las fuerzas antidemocráticas que socavan las estructuras de las democracias? Recordemos: la crisis de 2008, que empezó siendo financiera, se tornó de forma inmediata en económica y enseguida se convirtió en social y, por supuesto, en política, levantando movimientos de indignación en buena parte de Occidente. Con contornos distintos en cada país, la indignación tomó las calles y gritó alto y claro: «No nos representan». ¿Quiénes? Nadie.

Cuando la desafección era indignación

Cuando quienes nos dedicamos a la ciencia política hablamos de «desafección», en realidad nos estamos refiriendo a dos cosas distintas, ya que la desafección puede mostrarse como indignación o, por el contrario, en forma de apatía y desapego. En los últimos años, en buena parte de las democracias occidentales hemos transitado de la indignación a la decepción, pero el interés por la política se ha mantenido al alza. Las destacadas audiencias de tertulias radiofónicas y televisivas que analizan la actualidad, el interés que despiertan las noticias políticas o conversaciones entre amigos con mayor o menor tensión son prueba de ello. Aunque de forma distinta en cada parte del mundo, lo que llevamos de siglo XXI ha estado marcado por movimientos de indignación llamados a dar un giro de guion y, a la postre, por la profunda decepción que sus resultados han generado. No estamos, por tanto, atravesando un momento de desafección en su acepción de apatía y desinterés político, sino en medio de una ola de malestares y descontento que llevan ya más de una década instalados. Nada que ver con otros momentos de desencanto, como los que experimentó España en la década de 1980.

Ya ocurrió en aquellos países de América Latina en los que el neoliberalismo había mostrado su cara más dura, donde estallaron movimientos «en el marco de una eclosión social ante las medidas de austeridad neoliberal, cuyos representantes —miembros de partidos tradicionales— se adaptan a un modelo político económico que dejaba tras de sí un fuerte impacto social —la pauperización extendida y prolongada de la mayoría de la sociedad argentina—».[1] El movimiento se extendió a través de protestas de fuerte componente ciudadano, con el desempleo y los problemas de vivienda como detonantes y marcadas por la demanda de una mayor participación política, el cuestionamiento de los partidos políticos tradicionales y la incorporación de nuevas generaciones de jóvenes a la política. En otros países de la región se vivieron procesos de transición sin estallidos pero con un claro cansancio ciudadano ante los programas de ajuste. Durante la primera década de 2000, América Latina dio un volantazo hacia gobiernos de corte progresista en lo que constituía el comienzo de la «marea rosa». El editor de la revista latinoamericana de ciencias sociales *Nueva Sociedad*, Mariano Schuster, lo expresa así:

> El clima que acompañaba a la «marea rosa» no solo expresaba un cambio político, sino también un nuevo escenario en términos culturales. Marcaba un fin de época. El hecho de que un indígena como Evo Morales llegara a la presidencia de Bolivia o que un exsindicalista como Lula da Silva se hiciera cargo de los destinos de Brasil hacían evidente un cambio que excedía al de las propias políticas públicas. Que esos líderes, y otros como Rafael Correa, llegaran apoyados por movimientos sociales, movimientos indígenas (el Movimiento al Socialismo de Evo Morales constituía una expresión muy clara) y movimientos de trabajadores (como sucedía con el Movimiento de los Trabajadores Sin Tierra en Brasil o con la propia Central Única de Trabajadores) evidenciaba, además, la emergencia de nuevas bases sociales que desafiaban el anterior consenso político-económico. Eran los tiempos del «contrato posneoliberal».[2]

Con la llegada del siglo XXI, la indignación penetra también en Europa. Los primeros, a modo casi de antecedente visto desde hoy, fueron los Girotondi, que se movilizaron desde enero de 2002 en los lugares de Italia donde se exhibía la «política oficial».[3] A partir de 2011 la indignación se extendió por otros países del Viejo Continente. En Francia, el movimiento Nuit debout estalló a raíz de una manifestación por la reforma laboral que terminó acampando en la plaza de la República y haciendo una enmienda a la totalidad a la V República. La indignación recorrió también, aunque con resultados desiguales, las calles de Portugal, Grecia o Reino Unido, y saltó el Atlántico para llenar las calles de Nueva York con el movimiento Occupy Wall Street y penetrar en América Latina levantando a estudiantes en Chile y Colombia, o al movimiento #YoSoy132 en México, entre otros. Con manifestaciones y realidades políticas muy distintas, la indignación llenaba calles y plazas contra un modelo económico generador de desigualdad y unos representantes políticos que eran percibidos como individuos completamente ajenos al dolor que causaban las crisis. La brecha entre representantes y representados se había abierto.

España fue uno de los países donde más prendió la mecha de la indignación. El movimiento 15M llenó las plazas de jóvenes y no tan jóvenes que se sentían estafados. «No somos antisistema, el sistema es antinosotros», gritaban. Se trataba de una generación que estaba siendo víctima del fin de un espejismo: el que suponía creer que la historia era una línea recta de progreso ascendente y que cada generación conquistaría mayores derechos y cotas de bienestar que las anteriores. A esos jóvenes se les había prometido que si se formaban y pasaban unos años fuera de su país para manejar un par de idiomas, a su vuelta disfrutarían, como mínimo, del mismo nivel de bienestar que habían tenido en el hogar familiar. Ellos, ellas cumplieron su parte del trato. Pero algo se quebró y, pese a ser la generación mejor formada hasta ese momento, si todo iba bien, conseguirían ser, en el mejor de los casos, «mileuristas». Los indignados y las indignadas fueron esos jóvenes, acompañados a menudo de sus familias, que se sentían también víctimas de la estafa. Según los estudios del CIS, más del

80 % de la población española mostraba su aprobación y simpatía hacia esas movilizaciones.

«No nos representan» fue el grito de ese momento, y sus ecos llegan hasta nuestros días. ¿Quiénes eran exactamente aquellos que no les representaban? En realidad, todo lo que remitiera a un poder instituido. Por supuesto, los políticos; pero no solo los políticos. También las empresas y el mundo financiero, como dejaron claro cuando rodearon el edificio de la Bolsa de Madrid; los medios de comunicación, a los que se acusaba continuamente de manipulación y a los que apenas atendían los acampados; las organizaciones empresariales y sindicales, a las que se acusaba de atender solamente a sus intereses; incluso las ONG, colaboradoras de un sistema perverso. «CC. OO. y UGT no están aquí. Están reunidos con los empresarios», podía leerse en una pancarta en la madrileña Puerta del Sol. En definitiva, todo lo que sonara a sistema era sospechoso para una ciudadanía que se sentía víctima de una crisis que no había creado y percibía que los verdaderos responsables, lejos de mirar por lo común, se protegían y atrincheraban en sus privilegios. Como en otros países, en España el 15M señaló las fallas de un sistema que mostraba una clara «fatiga de materiales», en expresión del entonces ministro del Interior y líder socialista Alfredo Pérez Rubalcaba.[4]

Si miramos hacia atrás, encontraremos en este 15M, en la Nuit debout francesa, en las acampadas de los indignados en Chile o en las movilizaciones de los miembros de Occupy Wall Street en Nueva York algunas de las primeras manifestaciones del cuestionamiento de todas las entidades de mediación. Partidos políticos, sindicatos, medios de comunicación...: todos esos actores encargados de intermediar, función clave en las democracias representativas, eran acusados de no hacer su trabajo y de parapetarse detrás de sus privilegios. Hoy la lista de sospechosos se ha extendido notablemente y llega incluso a eso que se llama «los expertos», a las universidades y a la propia ciencia. La V República en Francia e, incluso, la Transición en España quedaron desde ese momento cuestionadas. La desconfianza ha penetrado hasta el corazón del sistema, llegando en ocasiones al agotamiento de algunos de los conceptos e instrumentos políticos básicos de cada Estado.

En el caso español, el papel de los partidos políticos, convertidos entonces en protagonistas exclusivos de la democracia, pero también el rol de la sociedad civil, mucho más endeble que en otros países del mismo entorno, o el papel de los medios de comunicación, a los que se acusaba de estar al servicio del poder, fueron puestos en cuestión desde las plazas. A ese «momento destituyente», como les gustaba afirmar a los líderes de Podemos, le siguió uno con pretensiones «constituyentes», hasta el punto de que, en el caso de España, la indignación generó una sensación de «Segunda Transición». Los partidos tradicionales ya no valían y eran necesarias nuevas formaciones más abiertas a la sociedad, más horizontales, más permeables. Tanto es así que las nuevas formaciones políticas que surgían, de izquierdas o derechas, a un lado y otro del Atlántico dejaron de utilizar la palabra *partido* en su denominación.

En España, Podemos por la izquierda y Ciudadanos por la derecha recogieron el testigo. Los «militantes» fueron sustituidos por «inscritos» en el caso de Podemos, las «agrupaciones» por «círculos»; las primarias fueron seña de identidad en ambos partidos, y la promesa de transparencia llevó a algunas formaciones que gobernaron los «Ayuntamientos del cambio» a negociar los apoyos de otros grupos políticos en asambleas en las plazas. Se trataba de cambiar la forma de hacer política, tirando de intuición y sin apenas experiencia, en un momento de ilusiones renovadas.

Padres y madres socialistas veían cómo sus hijos llenaban los mítines de Podemos y no podían dejar de sentir nostalgia de una juventud, la suya, que vivieron en plena Transición. Algunos decidieron acompañarlos en la búsqueda de esa nueva política y cambiaron su voto. Otros —entre ellos, destacados dirigentes de partidos de la izquierda tradicional— no lo hicieron, pero los miraban con la complicidad de quienes entendían que emprendieran un nuevo camino. Sí, estaban haciendo, a su manera, una «Segunda Transición».

También la forma de movilizarse cambió. La indignación impulsó una nueva manera de protesta y movilización de carácter ciudadano, transversal, impugnadora y superadora de las organizaciones tradicionales, cuyo máximo exponente más de una década después es el movimiento feminista que cada 8M desde 2017 llena las calles de mujeres y hombres de todas las edades, y no lo hace solo en España.

En el fondo subyacía una fuerte pulsión *antiestablishment* que ponía en cuestión los partidos políticos, las organizaciones sociales tradicionales, los medios de comunicación...; en suma, todo lo que recordara al sistema establecido.

Finalmente, los aires de nueva política propiciaron en España —nunca sabremos si aceleraron o, simplemente, se ajustaron al calendario— todo un proceso de renovación de las élites. Políticas, sindicales, culturales e incluso en la cúpula de las empresas más significativas. Hasta la Corona cambió de titularidad tras la abdicación de Juan Carlos I en 2014.

Más decepción de la que cabría esperar

Dice Innerarity que «la democracia es un sistema político decepcionante porque apunta a ideales inalcanzables».[5] En efecto, la decepción es innata a la democracia. No hay sociedad que no se sienta decepcionada por las demandas y promesas que crecen continuamente ni políticos que no sucumban a la tentación de seguir prometiendo por encima de sus posibilidades. Es inevitable, por tanto, la «impotencia democrática», en palabras de Sánchez-Cuenca.[6] Pero esta vez está yendo más allá. Quizá por la magnitud de las promesas, por la intensidad de la energía desplegada por varias generaciones o por la velocidad con la que se van consumiendo etapas y se suceden los acontecimientos.

El ciclo de indignación, energía transformadora y regeneración política que alumbró la segunda década del siglo XXI se agotó pronto. No en todos los países la indignación dio lugar a nuevas formaciones políticas, pero donde sí lo hizo se trató de estrellas fugaces. Luminosas, veloces, volando a gran altura, pero en buena medida efímeras. A los grandes y fulgurantes ascensos les siguieron caídas bruscas.

En América Latina la crisis financiera de 2008 también se dejó sentir. A ello se unieron las dificultades en la gestión y la articulación de relevos en los gobiernos progresistas y, en algunos casos, su deriva hacia posiciones autoritarias. Formaciones lideradas por Jair Bolsonaro en Brasil, Sebastián Piñera en Chile o Mauricio Macri en Argentina acabaron con esa «marea rosa» porque fueron capaces de capitalizar la decepción en unos casos y el descontento en otros. Según Schuster, los progresistas que habían gobernado hasta ese momento llegaron desgastados «y sin una nueva imaginación política».[7] La rebeldía era ya en América Latina, como lo sería también en Europa, patrimonio de la extrema derecha. Hoy, el malestar y los descontentos siguen ahí. Un dato lo ilustra: de las 117 elecciones presidenciales que se han celebrado en América Latina entre 1986 y mediados de 2023, la oposición ha salido victoriosa en el 58 % de los casos y, si se analizan los últimos comicios presidenciales celebrados en dieciséis países (excluyendo Nicaragua y Venezuela) hasta julio de 2023, solo en Bolivia y Paraguay ganó el partido del Gobierno.[8] Aquello de que las elecciones no las gana la oposición, sino que las pierde el que gobierna, ha saltado por los aires en estos casos.

¿Y en Europa? La Grecia de Syriza que plantó cara a la troika europea portadora de las políticas austericidas pasó de ser la fuerza más votada en las elecciones europeas de 2014 y las parlamentarias de 2015 a ser derrotada cuatro años después por los conservadores de Nueva Democracia, que obtuvieron la mayoría absoluta y duplicaron su resultado anterior. Si analizamos el fenómeno con amplitud, podemos incluir en este episodio de formaciones de nuevo cuño al movimiento En Marche!, encabezado por Emmanuel Macron —nombre que, curiosamente, permitía identificar las siglas EM tanto con la formación como con su propio líder—. Tras ser ministro socialista, entendió el mensaje de impugnación a los partidos políticos y fundó su propia plataforma, que le ha llevado a ocupar el Elíseo desde 2017 ayudado por el sistema electoral francés mayoritario a doble vuelta y en medio de una profunda crisis que alcanza a la esencia de la V República, mientras, eso sí, la ultraderecha avanza en cada elección.

En Chile Gabriel Boric, que ya había participado en la creación de la coalición de partidos y movimientos de izquierda Frente Amplio, fue candidato presidencial en 2021 de Convergencia Social, obteniendo un 55,8 % de los votos en la segunda vuelta, lo que le llevó a ser no solo presidente de la República, sino el presidente con más votos de la historia de su país. La victoria le empujó a acometer de entrada la gran reforma pendiente: una nueva constitución que relevara a la de Pinochet. Una vez elaborada la propuesta por parte de la Convención Constitucional, se sometió a referéndum. Acudieron a las urnas más de trece millones de votantes o, para ser más exactos, el 85,86 % de los inscritos en el censo electoral, lo que supone la mayor participación registrada en la historia de Chile. Más de 7,8 millones de chilenos, es decir, el 61,89 % de los electores que emitieron un voto válido, rechazaron la propuesta constitucional. Sometida a referéndum por segunda vez en 2023, si bien con un nuevo proyecto redactado por partidos conservadores y tradicionales, volvió a ser rechazada, en esta ocasión por el 55 % del electorado. Los dos fracasos llevaron a Boric a hacer un ejercicio de pragmatismo político: «Nuestro país seguirá con la Constitución vigente porque, luego de dos propuestas constitucionales plebiscitadas, ninguna logró representar y unir a Chile en su hermosa diversidad»; y añadió: «Quiero ser claro: durante nuestro mandato se cierra el proceso constitucional; las urgencias son otras».[9]

En España, el rápido ascenso de quienes recogieron la herencia del 15M y la convirtieron en formaciones políticas fue seguido de finales abruptos, lo que hizo que se quemaran etapas muy rápidamente. Podemos alcanzó su mayor triunfo electoral en las elecciones generales de junio de 2016, cuando cosechó el 21,5 % de los votos. A partir de entonces entró en una fase de declive que le dejaría nada menos que en el 13 % en la repetición electoral de noviembre de 2019; un magro apoyo que, no obstante, le permitió ocupar la vicepresidencia del Gobierno y cinco carteras ministeriales. Sin embargo, no superó la prueba de madurez de las organizaciones, esa que dice que una organización ha madurado cuando es capaz de sobrevivir a sus creadores. A raíz de la salida de su líder más carismático, Pablo Iglesias, de la vicepresidencia del Gobierno, se produjo una reconfiguración del espacio político progresista que no ha llegado a cuajar, preso de conflictos internos, de rivalidades personales, y, sobre todo, lastrado por la ausencia de un proyecto político capaz de convertir la energía de la indignación en propuestas políticas transformadoras. Hoy, Sumar, plataforma de partidos de ese espectro político, atraviesa una nueva travesía en el desierto en busca de un nuevo horizonte y un proyecto que lo haga posible.

Las candidaturas municipales tuvieron también trayectorias distintas. En 2015, los llamados «Ayuntamientos del cambio» consiguieron gobernar ciudades tan relevantes como Madrid, Barcelona, Cádiz, A Coruña o Zaragoza. Cuatro años después, y con un significativo descenso de votos en casi todas ellas, mantuvieron a duras penas las alcaldías de Barcelona y Cádiz, para perderlas definitivamente en la siguiente convocatoria electoral.[10]

Más fugaz aún fue la trayectoria de Ciudadanos, que, tras un incremento constante de votos, acarició el primer puesto en el espacio conservador en las elecciones de abril de 2019 con un 15,86 % de los apoyos. Siete meses después, y tras la repetición electoral de noviembre, su resultado en las urnas era del 6,79 %, lo que provocó una enorme crisis que se saldó con la dimisión de su secretario general y el alejamiento de buena parte de sus militantes y simpatizantes.

El panorama de la «nueva política» presenta luces y sombras allá donde ha tenido lugar. El caso español es, probablemente, uno de los más exitosos. Algunos de los avances en políticas feministas y laborales —el escudo social que protegió a empresas y ciudadanía en plena pandemia, así como una reforma laboral ambiciosa que ha cambiado la tendencia del empleo— o, en el ámbito local, la incorporación de experiencias de participación municipal no se entenderían sin mirar a aquel momento de indignación. Podría pensarse, sin errar el juicio, que los partidos herederos del 15M no han sido los únicos que han propiciado esos cambios. Pero hay que considerar que los impactos de ese movimiento de indignación no se dejaron sentir solo en las nuevas formaciones, sino que impactaron de lleno en otras partes del sistema, incluidos los partidos tradicionales. La llegada de Pedro Sánchez a la Secretaría General del PSOE, tras una convulsa etapa de confrontación con los dirigentes históricos que culminó con unas primarias de máxima tensión, tuvo mucho que ver también con ese «momento destituyente» en el que los indignados pedían a gritos otra forma de hacer las cosas.

La rabia ha cambiado de bando

Más de una década después de todo esto, el malestar sigue presente, pero algo ha cambiado. Quizá se trate de un caso más de esa constante histórica que dice que a toda «revolución», o momento de notables avances, le sigue un retroceso,[11] una especie de *backlash* que se activa de forma casi automática. No obstante, tiene perfiles propios que es necesario identificar.

Para quienes se movilizaron esperando otra forma de hacer las cosas, lo que ayer era indignación hoy ha mutado en decepción. Muchos de los fallos del sistema que señaló el 15M siguen ahí. En España —y también en otros países— la política aparece en los primeros puestos de la lista de problemas nacionales, según demuestran mes a mes los estudios del CIS.

La ciudadanía percibe, invariablemente, que los políticos están más preocupados por «sus» asuntos que por los asuntos comunes. No confían en ellos ni en el sistema, ni les creen capaces de hacer frente a los desafíos del futuro, pero al mismo tiempo tienen la sensación recurrente de que su vida no mejora. Los malestares van en aumento y se proyectan en un descontento creciente que ahora, a diferencia de en 2011, no están articulando quienes desde posiciones progresistas o conservadoras aspiran a más y mejor democracia, sino personas o entidades que ponen en solfa buena parte de los consensos sobre los que aquella se ha construido. La brecha entre gobernantes y gobernados se ensancha.

Una parte de la decepción se ha convertido en rabia, en una furia que se proyecta también contra el poder instituido, al que esas organizaciones tratan como un todo homogéneo, sin distinción alguna —uno de los rasgos del populismo es, justamente, el de nosotros contra ellos, cuando «nosotros» y «ellos» son algo uniforme—, y frente al que se presentan como alternativa, como la única alternativa.

«Solo queda Vox» ha sido uno de los lemas en redes sociales más efectivos de la ultraderecha española. En efecto, su estrategia pasa por hacerse ver como una alternativa al sistema, aun cuando ya hayan participado en el gobierno de municipios y comunidades autónomas. Su materia prima son los malestares, el descontento y la frustración. Su acelerador, la crispación de las élites políticas y su propia capacidad para envenenar el debate público con la ayuda de las redes sociales. Sus temas bandera, aquellos que saben que pueden estar generando conflictos e inquietud: la migración mal gestionada, la transición ecológica mal planteada, el abandono del medio rural o el feminismo con aires de superioridad e intransigencia. De telón de fondo, la sensación de estancamiento en capas cada vez más extensas de la sociedad, la ausencia de un futuro ilusionante o la instauración de un clima de colapso del sistema. Todo ello contribuye a que se forme la tormenta perfecta.

Es por esas brechas que se han ido abriendo en el sistema y que se van haciendo cada vez más profundas por donde penetran los movimientos de ultraderecha, recogiendo apoyos que varían en cada país, pero que consiguen una paradójica alianza contra natura entre una parte de las élites y muchos de quienes menos tienen. Lobos y corderos se asocian a pesar de que sus intereses objetivos son contradictorios.

La rabia ha cambiado de bando. Ahora ya no se canta aquello de «me gustas, democracia, porque estás como ausente», como se hacía en las plazas del 15M. Ahora se grita «a por ellos», y «ellos» somos todos los que abogamos por sociedades más justas, por un modelo económico sostenible, por un feminismo que penetre en la sociedad haciéndola igualitaria, por un multilateralismo que consiga abordar los desafíos globales que nos rodean... Por raro que parezca, se clama contra cuestiones hasta ahora incuestionables y que incluso son vistas como naifs, ingenuas o «buenistas»: la paz en el mundo, la erradicación del hambre y la pobreza, el acceso a la educación, la igualdad..., todo lo que estas formaciones engloban en la Agenda 2030. Porque, reconozcámoslo, son justamente estos valores los que se han estado imponiendo. De forma lenta, insuficiente, contradictoria la mayor parte de las veces, ciertamente, pero lo que se ha instituido era, es, lo que recogen los diecisiete Objetivos de Desarrollo Sostenible. Y contra eso se proyecta la rabia con toda su virulencia. No es extraño que el movimiento neorreaccionario se defina como la «Ilustración oscura»; es una buena manera de sintetizar sus propuestas.

CAPÍTULO 2
Los malestares cambian pero permanecen

> Los funcionarios no funcionan.
> Los políticos hablan pero no dicen.
> Los votantes votan pero no eligen.
> Los medios de información desinforman.
> Los centros de enseñanza enseñan a ignorar.
> Los jueces condenan a las víctimas.
> Los militares están en guerra contra sus compatriotas.
> Los policías no combaten los crímenes, porque están ocupados en cometerlos.
> Las bancarrotas se socializan, las ganancias se privatizan.
> Es más libre el dinero que la gente.
> La gente está al servicio de las cosas.
>
> EDUARDO GALEANO,
> «El sistema», *El libro de los abrazos*, 1989

El malestar surge ante situaciones de sufrimiento o incomodidad producidas por problemas de carácter material o emocional. La desigualdad, las dificultades de acceso a la vivienda o la frustración de los jóvenes ante los obstáculos para emprender una vida propia son motivos de malestar. Pero también lo son factores que se pueden considerar más emocionales, como los problemas de salud mental, la falta de referentes de las nuevas masculinidades o el miedo a un futuro tenebroso y la ausencia de horizontes.

Con estos malestares se construye el descontento que, de forma difusa, contradictoria y no siempre bien comprensible, está en la base del descenso de la adhesión a la democracia y del apoyo creciente a formaciones de ultraderecha o, en su nueva versión, neorreaccionarias.

Los mercados globales se olvidaron de cuidarte

Desde que Stiglitz publicara hace ya más de veinte años *El malestar en la globalización*,[1] no hay análisis que se precie que no cite este elemento, y en concreto ese modelo de globalización, como una de las causas más destacadas del malestar ciudadano. Fundada sobre todos los mitos neoliberales que habían anunciado previamente Reagan y Thatcher, su aceleración tras la caída del Muro de Berlín y la desintegración de la URSS vino acompañada del triunfalismo del ganador, del que se había impuesto sobre su antagonista y había encontrado la metáfora perfecta: un mundo sin muros.[2]

Esta globalización neoliberal trajo consigo un incremento de la desigualdad en el interior de los países desarrollados, el cuestionamiento de la capacidad de la política para hacer frente a los todopoderosos mercados y una idea de inevitabilidad resumida en el célebre TINA de Margaret Thatcher: «*There is no alternative*» [No hay alternativa]. Lo sorprendente fue que a esta máxima se acogieron también líderes demócratas como

Bill Clinton o el laborista Tony Blair. De ahí que la Dama de Hierro dijera, poco antes de morir: «Mi gran logro fue Tony Blair».

La política económica quiso mostrarse como un asunto tecnocrático manejado por brókeres financieros y ajena a cualquier valor ideológico o político. Las recetas conocidas —reducción del tamaño de la Administración, lucha contra el déficit público como bien supremo, supresión de aranceles, privatización de empresas públicas, desregulación de los mercados de capitales, etc.— fueron descritas por uno de sus principales valedores, el economista Thomas L. Friedman, como una «camisa de fuerza dorada» que no deja apenas margen para el movimiento, pero garantiza, al parecer, el crecimiento económico y la riqueza nacional.

Mientras las grandes corporaciones y los profesionales altamente cualificados incrementaron sus beneficios en todo Occidente, las clases medias y trabajadoras vieron cómo se deslocalizaban industrias, se perdían empleos, se estancaban los salarios y los mercados se llenaban de productos importados, generalmente de China.

Al tiempo, se impuso una suerte de «competencia fiscal» por la que cualquier atisbo de progresividad que buscara reducir la desigualdad se convertía en una supuesta amenaza que provocaría que las empresas acabaran por marcharse a otros países donde la Hacienda pública mantuviera una presión más ligera o más fácil de eludir. De esa aversión a los impuestos aún no nos hemos recuperado.

Un ente superior e invisible, aparentemente ajeno a las decisiones políticas, se lo llevó todo por delante. Era el mercado global, un conjunto de complejas relaciones comprensibles solo para las élites, que dificultaba la acción colectiva y sindical, impregnado de un individualismo coherente con el sálvese quien pueda, tan propio de la época.

Mientras que China y el conjunto del Sudeste Asiático crecían con fuerza, y por tanto la desigualdad global descendía, en el interior tanto de Europa como de Estados Unidos las clases medias y trabajadoras pagaban los platos rotos de una economía que se había olvidado de ellas. El famoso trilema de Rodrik definía muy bien la situación: «La democracia, la soberanía nacional y la integración económica global son mutuamente incompatibles: podemos combinar dos de las tres, pero nunca tenerlas todas simultáneamente y en su totalidad».[3] Este trilema ayuda a entender cómo la globalización ha contribuido a reducir el margen de maniobra de los ejecutivos nacionales, lo que fue percibido por la ciudadanía como una cierta impotencia de los partidos, algo que agudiza la desconfianza. Sobre todo, la desconfianza en que estos partidos y los representantes públicos vayan a ser capaces de abordar los desafíos del momento. La política pasó así a ser entendida como algo lejano, elitista, ajeno al territorio y al día a día. No es casualidad que la campaña del Brexit se construyera justamente sobre un lema que incitaba a «recuperar el control», ni que hoy la ultraderecha siga apelando a ello en sus consignas y proclamas.

A ojos de muchos de los analistas de la globalización neoliberal, esta ha traído consigo no solo una mayor desigualdad en el interior de los Estados occidentales —asunto que se abordará a continuación—, sino también una impresión en la ciudadanía de que su voz, muy alejada de las élites globales, no es tenida en cuenta. Es lo que Michael Sandel llama «desempoderamiento» o, como lo define Urbinati,[4] una distancia insalvable entre «los pocos», en referencia a las élites, y los «muchos», lo que hace que los segundos ya no se sientan representados por los primeros. Si a esto se le une la creencia en una pretendida meritocracia que obvia las desigualdades en la carrera por el éxito, la frustración está servida. Nos hallamos, pues, en la antesala de lo que Andrea Rizzi ha denominado «era de la revancha».[5]

La globalización ha generado una élite que se mueve con soltura en sociedades abiertas, domina varios idiomas, incorpora las mejores herramientas tecnológicas, así como el discurso culto y, en ocasiones, progresista. Pero cada vez se aleja más de quienes se sienten desprotegidos en ese entorno, carecen de las habilidades o conocimientos para situarse en realidades cada vez más fluidas, no tienen acceso a los centros de influencia y poder y están invadidos por una sensación de desamparo. Y la brecha se sigue agrandando.

El análisis de las elecciones presidenciales de Estados Unidos de 2016, cuando Hillary Clinton quedó derrotada por Donald Trump, deja datos interesantes para entender aquel momento. Trump ganó entre los electores blancos no universitarios, recogiendo dos tercios de sus votos, mientras que Clinton se impuso entre quienes tenían estudios de posgrado. Fenómenos similares han ocurrido en Gran Bretaña y Francia. No es de extrañar, por tanto, que Trump, en su segundo mandato, haya puesto en la lista de enemigos que batir a las instituciones universitarias, en especial a las de la elitista Ivy League, con Harvard convertida en símbolo de la resistencia.

Lo que para unos es diversidad cultural, para otros es la amenaza del migrante con el que se compite por un puesto de trabajo cada vez más precario; se trata, pues, de la enésima representación de la batalla del penúltimo contra el último. Lo que para unos es oportunidad de desarrollo de una nueva economía verde, más sostenible, eficiente y tecnológica, para otros es la sombra del desempleo ante el cierre de las fábricas de automóviles o las minas de carbón. La que para unos es una sociedad más igualitaria, donde cada cual puede elegir y gestionar su identidad personal y sexual, para otros se convierte en una amenaza a su masculinidad. De esta manera, y en un mundo global, los retos del momento estallan en las contradicciones que esconde cada desafío.

Lo que puede resultar más sorprendente es que el cuestionamiento de esa globalización neoliberal que hoy todavía vivimos no ha llegado tanto de la mano de quienes advertían de las desigualdades y el malestar que esto creaba —básicamente de la mano de los movimientos altermundistas y de círculos académicos— como de quienes oponen el «globalismo» —como ellos mismos lo denominan— al proteccionismo, el nacionalismo y el neorreacionarismo. Se trata, en efecto, de la «Ilustración oscura».

Está por ver hasta dónde llegan estas amenazas. En el plano arancelario aún no está del todo claro si realmente el comercio internacional se ralentizará o si, preso de cadenas de proveedores globales, no hará más que dar una vuelta de tuerca que permitirá a las grandes potencias ver incrementado su poder en el resto del planeta. Lo que sí parece evidente es que quienes se oponen a lo global ofreciendo una nueva política reaccionaria han sabido identificar los malestares y descontentos de una parte creciente de la población, a la que proponen hacer (más) grande su país, aunque eso suponga hacer el mundo más pequeño. Lo están haciendo, además, de la mano de grandes corporaciones tecnológicas, esas empresas que nacen y crecen, paradójicamente, en el escenario global y gracias a él.

La desigualdad que nunca se fue

Empecemos por una mirada amplia para tomar perspectiva: «El mundo de principios de la década de 2020, por muy injusto que lo percibamos, es más igualitario que el de 1950 o el de 1900, que a su vez eran más igualitarios en muchos aspectos que el de 1850 o 1780». Estas palabras son de uno de los mayores expertos en desigualdad, Thomas Piketty, y pueden leerse en su obra *Una breve historia de la igualdad.*[6] En efecto, al menos desde el siglo XVIII, la historia de la humanidad ha sido la de la reducción de la desigualdad.

Sin embargo, como el propio Piketty afirma a continuación, no es suficiente. Y no lo es, al menos, por tres razones. En primer lugar, porque la reducción de las brechas de la desigualdad ha sido limitada, especialmente conforme avanzaba la globalización, y hoy las cifras siguen siendo escalofriantes.

> Las cuatro décadas previas de globalización financiarizada habían conducido a unas desigualdades de renta y riqueza como no se veían desde la década de 1920. La mayor parte de los incrementos de renta real experimentados en el país [Estados Unidos] desde finales de los años setenta se habían acumulado en el 10 % más rico de su población; la mitad más pobre prácticamente no había recibido ninguno. En términos reales, la mediana de renta de los varones en edad de trabajar era menor en 2016 que cuatro décadas antes. Desde 1980, el porcentaje de la renta nacional que percibía el 1 % más rico de la población estadounidense se había duplicado hasta superar el que percibía la totalidad de la mitad más pobre del país.

En segundo lugar, porque las desigualdades son acumulativas. Existen brechas económicas, de género, territoriales, culturales, étnicas, digitales...: todas ellas son agravantes que se van acumulando el uno encima del otro. Y no olvidemos que las dos grandes revoluciones que tenemos en marcha —la tecnológica y la ecológica— pueden, si no se gestionan bajo parámetros de justicia social, multiplicar esas desigualdades. Más adelante desarrollaré esta idea.

Por último, tal y como recuerda Stiglitz, la desigualdad acaba generando un círculo vicioso: «La desigualdad es la causa y la consecuencia del fracaso del sistema político, y contribuye a la inestabilidad de nuestro sistema económico, lo que a su vez contribuye a aumentar la desigualdad».[7] En efecto, la desigualdad o, más bien, las desigualdades —por su carácter múltiple, como se mencionaba anteriormente— fomentan la autoexclusión del sistema, dando lugar a fenómenos como el de «precariado político»,[8] en donde puede observarse que, cuanto mayor es la desigualdad y la precariedad económica, mayores cotas alcanzan la abstención, la desconfianza, la desafección institucional y, en definitiva, el malestar.[9] Cada vez es más frecuente que en los territorios, distritos o municipios de rentas más bajas se registren altos niveles de abstención. En consecuencia, quienes tienen que tomar decisiones políticas para acabar con las desigualdades dejan de prestar atención a quienes están menos presentes en la vida pública, en muchas ocasiones prácticamente invisibilizados y ninguneados. El círculo vicioso de la desigualdad se ha puesto en marcha y es difícil de parar. Y la brecha se sigue ensanchando.

En las últimas décadas la desigualdad económica se ha incrementado de manera constante en todo el mundo. Las cifras son aterradoras. No se trata de recopilarlas en su totalidad, sino de dar algunos datos que nos permitan dimensionar el problema. Disculpen la insistencia, pero merece la pena retener algunos números. El 10 % más rico de la población mundial, 517 millones de personas, percibe actualmente el 52 % del ingreso mundial, mientras que la mitad más pobre de la población, nada menos que 2.500 millones de personas, gana tan solo el 8,5 %.[10] En otras palabras, una persona del 10 % superior tiene unos ingresos medios anuales de 87.200 euros, mientras que una del 50 % más pobre percibe solamente 2.800. La mayor desigualdad se encuentra en África, América Latina y Asia. Oxfam ahonda en la misma dirección. Según pone de manifiesto en su trabajo *Desigualdad S. A.*: «La riqueza conjunta de los cinco milmillonarios más ricos del mundo se ha duplicado con creces desde el inicio de la década actual, mientras que la riqueza acumulada del 60 % de la humanidad se ha reducido».[11] Un análisis del Economic Policy Institute muestra cómo, en 1965, el sueldo de los consejeros delegados en Estados Unidos multiplicaba por 21 el de un trabajador promedio, mientras que en 2023 esa ratio ya había llegado a 290. En España, según un estudio publicado por el periódico *El País* el 17 de mayo de 2025, los directivos mejor pagados del Ibex 35 ganaron de media 79 veces más que sus empleados.[12]

Consecuencia de lo anterior es la concentración de la riqueza, fenómeno que se está dando también en Europa. En España es incluso mayor que la concentración de ingresos: el 10 % más rico tiene en sus manos el 57,6 % del patrimonio total del país y el 1 % de los superricos posee nada menos que el 25 %. Los países europeos donde el 10 % de los más ricos han aumentado más su riqueza son Bulgaria, Hungría, Italia y Dinamarca.

Estas cifras muestran la escasa capacidad redistributiva que tienen los Estados nación, incluidos aquellos que presumen de priorizar los criterios de cohesión social, lo cual repercute en el músculo del sector público y constituye uno de esos malestares que tanto nos preocupan. De ahí que cada vez estén tomando mayor protagonismo las propuestas que, junto a la distribución y la redistribución, ponen el foco también en la predistribución que suponen, por ejemplo, unos buenos sistemas educativos que dotan a las personas de capacidades, habilidades y conocimientos.

Diversos estudios muestran que una sociedad sin grandes desigualdades económicas es un componente necesario, aunque no suficiente, para generar la confianza que potencia el compromiso cívico, la participación política y una mayor adhesión a la democracia. Por el contrario, la desigualdad se muestra como un factor corrosivo para la confianza social y política.[13] De ahí que sea necesario acudir a factores materiales y también a elementos inmateriales o emocionales para entender en toda su magnitud la desconfianza tanto social como política que hoy asola nuestras democracias.

La corrupción que no cesa

La globalización neoliberal, la desigualdad y el miedo en un escenario de cambios trepidantes ya son motivos más que suficientes del descontento y malestar que experimenta la población en general, pero hay más. En especial, uno que ayuda a entender de forma clara la desconfianza de la ciudadanía ante las instituciones y ante quienes se dedican a la política: la corrupción que no cesa.

Se suele decir que cuando la indignación estalló en España en el 2011, la economía pasaba por un pésimo momento, el desempleo se extendía a amplias capas de la población, los desahucios empezaron a ser algo cotidiano... Todo eso es cierto, pero había un factor más: era una época en que casi todos los días los españoles y españolas conocíamos a través de los medios de comunicación un nuevo caso de corrupción. Por supuesto, no era España el único país donde esto sucedía.

La corrupción es un fenómeno letal para la democracia. Ya la propia etimología del término lo pone de manifiesto: *corrupción* proviene del latín *corruptio*, que a su vez deriva del verbo *rumpe-*

re, que significa «romper» o «quebrar». Y es que, en efecto, la corrupción corroe, rompe y quiebra la democracia. Para la ciudadanía de a pie, saber que sus dirigentes están vulnerando o han vulnerado las normativas que a todos atañen es un estímulo negativo, un acelerador de rabia y malestar. Sobre todo es una invitación a no creer en nada ni en nadie y a dejarse caer también en la ciénaga.

Sin embargo, el concepto de corrupción es demasiado ambiguo para entender y explicar lo que ocurre con exactitud. Incluso la definición que da la OCDE resulta demasiado generalista: «Abuso de un cargo público o privado para beneficio personal». Desde un punto de vista político, que no moral —ese sería otro debate—, no es lo mismo inflar un currículum que idear un entramado fiscal para evadir impuestos, financiar ilegalmente un partido político o planear toda una «captura de políticas», es decir, la captura de decisiones políticas en beneficio de unos intereses concretos. Para ayudar a entender mejor la realidad, podemos echar mano de tres conceptos del mismo campo semántico, pero que permiten hilar más fino: las malas prácticas, las corruptelas y la corrupción.

Con malas prácticas se hace referencia a esas acciones o comportamientos de quien abusa de su poder que causan un perjuicio a terceros pero no vulneran ninguna norma. Por ejemplo, si una empresa no tiene políticas de transparencia en los procesos de contratación, carece de controles efectivos para garantizar que su cadena de proveedores cumple con sus normas internas de integridad o hace caso omiso de las recomendaciones en materia de blanqueo de capitales, *accountability* o igualdad de género, está incurriendo en malas prácticas. Si un gobierno no regula el registro y funcionamiento de los *lobbies*, no establece procedimientos de rendición de cuentas —o lo hace de forma insuficiente— o no justifica debidamente por qué se contrata a unos asesores en función de unos perfiles de formación y profesionales, tiene el mismo problema. No se trata de actos ilegales, porque no infringen ninguna normativa, pero deben señalarse como malas prácticas.

Si el abuso de poder conlleva la vulneración de alguna norma o regulación legal, estaremos hablando ya de corruptelas. Se trata de acciones ilegales y son ampliamente conocidas: un soborno a cambio de agilizar un expediente en un ayuntamiento, una comisión para el jefe de compras de una empresa privada que decide contratar a un proveedor y no a otro, una invitación a un viaje al Caribe para asistir a un congreso científico a cambio de recetar un medicamento y no el de la competencia... Es decir, abuso de poder para obtener, de forma puntual, algún beneficio personal o corporativo.

Si todos estos comportamientos se establecen de forma sistemática y generalizada, abusando siempre del poder para obtener un beneficio propio o de terceros, entonces podremos calificarlos como corrupción en sentido estricto. Generalmente, como ya sabemos porque llueve sobre mojado, estaremos ante una trama que necesita de la implicación, por acción o por omisión, de múltiples actores. Todos ustedes tienen en mente distintos ejemplos de cada uno de estos casos, cada cual en su país, pero creo que no me equivoco mucho al decir que no estamos ante «manzanas podridas», como se les suele denominar cuando, para restarle importancia al asunto, se intentan mostrar como casos aislados. Más bien responden a la metáfora del «cesto de cerezas», donde al tirar de una de ellas se extraen varias más enredadas entre sí; es decir, una trama, una red de conexiones necesarias entre distintos actores para que el acto corrupto se pueda llevar a cabo. De esta manera, cuando se investiga de verdad o se inculpa a un presunto protagonista de delitos de dicha naturaleza, inmediatamente se descubren otros cómplices y sale a la luz una red organizada y estable, la «asociación de malhechores».

¿Podría decirse que todos los casos de corrupción tienen el mismo potencial destructivo para la democracia? Todos ayudan a su descrédito, en efecto, pero de forma distinta. Cuando un ciudadano comprueba que el asesor de la ministra no tiene la cualificación que se le supondría, o lee que en algunos países, a diferencia del suyo, existen registros de *lobbies* y agendas públicas donde queda constancia de cada una de las reuniones mantenidas entre estos y los cargos públicos, o algo llamado «huella normativa» que permite conocer quién o qué grupo ha propuesto una idea para una norma, puede pensar que las cosas en su país deberían funcionar algo mejor. Si ese mismo ciudadano lee una noticia en la que se explica cómo el constructor más famoso de su ciudad consiguió agilizar un expediente, mientras él seguía esperando una licencia de obras menores para cambiar las ventanas, comenzará a indignarse. Si a los pocos días le llegan audios de un escándalo de corrupción en el que se recibían maletines en negro a cambio de obras públicas, es fácil que sienta repulsión y, a poco demócrata que sea, bastante decepción, de manera que su desconfianza en las instituciones se incrementa. Pero, si a renglón seguido comienza a conocer los detalles de un caso evidente de captura de políticas, donde un ministro presta servicios a empresas regulando de conformidad a sus intereses previo pago o utiliza la Hacienda pública para perseguir a adversarios políticos, su confianza en el sistema saltará por los aires. En efecto, como ustedes ya habrán imaginado, la brecha se seguirá agrandando.

Poder, dinero y vanidad: impulsores de la corrupción

A la hora de analizar las causas de la corrupción se suele hacer énfasis en tres: las estructurales, las institucionales y las culturales.[14] Las primeras tienen que ver, sobre todo, con la desigualdad, responsable de muchos malestares. En los estados más desiguales de Estados Unidos, entre el 35 y el 40 % de la población reconoce que no confía en los demás, mientras que en los estados más igualitarios el porcentaje desciende hasta cerca del 10 %. Como nos recuerda el profesor Villoria: «Cuanto mayor es la desigualdad y mayores diferencias de estatus existen, mayor es la inseguridad de estatus y la competitividad individualista»,[15] y esto hace que aumente el temor del individuo a perder los ingresos que le permiten estar en los niveles superiores de la sociedad, a la par que dificulta la acción colectiva y favorece conductas no éticas.

Las causas institucionales hacen referencia a la gobernanza, y con ello se alude a la relación que existe entre unos buenos diseños institucionales y el éxito de los países que los tienen, dado que gracias a esta buena gobernanza consiguen evitar que las élites instauren dinámicas de abuso sistemático.[16]

Finalmente, las causas culturales ponen de relieve que existen unos patrones de conducta de carácter religioso o cultural que explicarían por qué unas naciones son más corruptas que otras. Aunque los países protestantes, preocupados por la educación e identificados sobremanera con el individualismo, la austeridad y la cultura de legalidad y transparencia, se encuentran entre los menos corruptos, no existe evidencia empírica que sostenga que la religión es el factor explicativo de la aparición de casos de corrupción. Más bien se trata de la existencia de un particularismo que justificaría y haría socialmente aceptable favorecer a personas cercanas por el hecho de serlo, frente a un universalismo de corte kantiano que implicaría la igualdad universal en el trato en países con fuerte presencia de la religión protestante. A esto hay que unir las expectativas sobre el comportamiento de los demás. Si tengo miedo a que mi hijo no sea atendido debidamente en un hospital o a que a mi hija le suspendan reiteradamente una asignatura o la ridiculicen en el colegio, pagaré el soborno necesario a quien corresponda. Si, por el contrario, tengo la certeza de que el profesor jamás aceptaría un ingreso extra ilegal por aprobarle el último examen y, probablemente, si lo intentara, me miraría ojiplático y se iría a denunciarme a la comisaría más cercana, ni se me pasaría por la cabeza plantear esa opción.

Hasta aquí los tres grupos de causas que pueden explicar la corrupción. Pero ¿qué buscan quienes deciden actuar de forma corrupta? No es este el lugar donde profundizar en los aspectos psicológicos que llevan a alguien a cometer o tolerar ese delito o mala práctica —no olvidemos que en cualquier fenómeno de corrupción existen siempre dos partes: el corruptor y el que se deja corromper—. Lo que me interesa ahora mismo es entender los motivos que llevan a los individuos a incurrir en esos abusos de poder en beneficio propio o de terceras personas, tanto por parte de los corruptores como de los corrompidos. El análisis de los casos más conocidos desvela tres causas: poder, dinero y vanidad.

El poder, presente en cualquier relación entre seres vivos, es el elemento indispensable para que se pueda cometer un acto de corrupción. Ya hemos visto anteriormente, de hecho, que el abuso de esta capacidad es el elemento definitorio de la corrupción. No solo eso: existen casos de corrupción cuyo objetivo es, precisamente, alcanzar una mayor cota de poder. Ahí están los amaños electorales, los arreglos para ganar unas primarias o los sobornos a cambio de un nombramiento.

El segundo elemento, obviamente, es el dinero, que no deja de ser otra forma de poder. Corromper a un cargo político o a un alto funcionario que participa en el proceso de contratación de una empresa para realizar una obra pública, o, como se decía anteriormente, pagar para obtener un cambio normativo que beneficia a unos intereses específicos, haciendo caso omiso del interés general, constituye toda una captura de políticas, modalidad que se encuentra en la cúspide de la pirámide de la corrupción, pues contamina tanto al ejecutivo como al poder legislativo de forma duradera, durante todo el tiempo en que esté vigente aquella norma hecha a medida.

Existe otra causa de malas prácticas, corruptelas y corrupciones a la que se presta menos atención. Se trata de la vanidad, o, mirado desde otro ángulo, el complejo de inferioridad. ¿Qué, si no, puede llevar a cargos públicos a mentir sobre su formación académica anotándose títulos que no tienen o que proceden de «universidades» que raramente superan un mínimo de calidad académica? Si miramos a España, los datos muestran cómo las cámaras de representación tienen el doble de titulados universitarios que la sociedad en general.[17] Así, quien quiere ser diputado y carece de formación universitaria y de autoestima suficiente puede optar por inflar el currículum. Si además la institución carece de controles para descubrir a quienes mienten, la tentación puede volverse irresistible.

No disparen a los lobbies, *apunten a los reservados de los restaurantes*

En los debates sobre corrupción, enseguida aparece una palabra maldita: los *lobbies*. ¿Son ellos los grandes culpables? No tan rápido. La búsqueda de influencia es consustancial a la democracia. Se podría decir, incluso, que a cualquier relación entre humanos. ¿Acaso usted no intenta influir sobre su hija para que estudie esa carrera tan prometedora para la que tiene excelentes cualidades o abandone a esa pareja que usted sabe que no va a hacerla feliz? Incluso sería capaz de persuadirla para que «no se dejara influenciar» por esta amiga o aquel amigo.

En política ocurre lo mismo. De hecho, lo contrario sería una partitocracia ajena e impermeable a la sociedad. La clave, una vez más, es cómo se ordena tal circunstancia. Como describe el profesor Joan Navarro en el libro *Comunicación política: nuevas dinámicas y ciudadanía permanente*: «En España el debate sobre la regulación o no del *lobbying* es tan antiguo como la Constitución. Manuel Fraga, uno de sus principales artífices, ya defendió la necesidad de incorporar en el artículo 77 dos puntos adicionales que establecían que "las Comisiones (del Congreso y el Senado) podrán recibir delegaciones de grupos legítimos de intereses, en sesiones que siempre tendrán carácter público" y "Una ley orgánica establecerá un sistema de control y registro para los grupos de interés que actúen de modo permanente"».[18]

En España este debate estuvo ausente del plano político durante décadas, hasta que Ciudadanos presentó una proposición de ley en 2017 que no llegó a ver la luz; finalmente, en noviembre de 2022, y tras varios intentos frustrados desde la época de Zapatero, se comenzó a tramitar un proyecto de ley que no pudo llegar a aprobarse al terminar la legislatura anticipadamente en 2023. En enero de 2025, el Ministerio para la Transformación Digital y de la Función Pública presentó un nuevo proyecto de «Ley de transparencia e integridad de las actividades de los grupos de interés», que se encuentra a la hora de terminar de escribir estas líneas en tramitación parlamentaria. Esta última propuesta incluye dos elementos fundamentales: un registro de *lobbies* y la instauración de la huella normativa. Ambos asuntos protagonizan habitualmente las recomendaciones de las personas expertas y las organizaciones que ayudan a los gobiernos a prevenir y luchar contra la corrupción.

El primero supone reconocer lo obvio, que los *lobbies* existen y van a seguir existiendo, por lo que es imprescindible que actúen con luz y taquígrafos, poniendo negro sobre blanco toda su actuación, obligarles a registrarse y hacer públicas sus actividades. Que un grupo parlamentario se reúna con una organización ecologista o con una petrolera es lo normal en democracia. La diferencia radica en que esas reuniones sean públicas o tengan lugar en la penumbra del reservado de algún restaurante. La clave está en que el legislador actúe siguiendo el criterio del interés general.

Junto a esto, la huella normativa nos permitirá saber cuál ha sido el recorrido de cualquier iniciativa legislativa desde que empieza a andar hasta que se convierte en norma. Quién vota qué, qué informes ha recibido, qué han propuesto los diferentes *lobbies* sobre el asunto, cómo, quién y cuándo ha ido variando de posición y con qué argumentos, etc.

Conviene tener claro que una cosa es influir y otra corromper o convertirse en corrupto. La función de *lobby* es tan antigua como la propia política, es decir, como la propia humanidad. Todos intentamos influir en otros para que hagan o dejen de hacer lo que nos conviene. También en política. Influye una empresa para que se rebaje un impuesto o se legisle de acuerdo a sus intereses, presiona una organización ambiental para que no se instale una planta de celulosa contaminante, busca cambiar la opinión de un grupo parlamentario un sindicato para que se reduzca la jornada laboral, etc. Todo esto es incidencia, influencia o cualquier otro de los nombres que últimamente se ponen a estas prácticas, porque hay países —España entre ellos— donde la palabra *lobby* suena mal. Pero, en efecto, son *lobbies*. Más o menos poderosos, pero *lobbies* a fin de cuentas. ¿Son iguales todos los casos? En absoluto: esa empresa que busca pagar menos impuestos está intentando influir para satisfacer su interés particular, mientras que la organización ambiental o el sindicato lo hacen con vocación de defender el interés general. Quizá haya casos en que la divisoria entre unos y otros no esté tan clara, pero de lo que no cabe duda es de que es el legislador quien debe velar por ese interés general, del que es garante.

La corrupción nos sale cara

La corrupción sale cara, muy cara, en todos los países del mundo. Sus efectos se dejan sentir en el plano económico, en el social y, por supuesto, en el político. Empezando por el más obvio, el económico, según Naciones Unidas la corrupción supone más del 5 % del PIB mundial y hasta el 25 % del gasto público de todo el mundo se pierde por su culpa. Esto se traduce de forma instantánea en menos y peores servicios públicos, cosa que va en detrimento de la población en general, ya que ve dificultado su acceso a la educación, a la sanidad o a cualesquiera otras prestaciones, al mismo tiempo que incrementa la desigualdad. Si, por ejemplo, el acceso a la educación o a la sanidad solo es posible o resulta más favorable para quien paga sobornos, eso redunda inmediatamente en mejores condiciones de vida para los que más tienen y, por tanto, la desigualdad se cronifica y amplifica. A esto hay que unir la disminución general de la capacidad del Estado para actuar, lo cual, nuevamente, incidirá sobre todo en quienes menos tienen. La «captura de políticas», es decir, la captura de decisiones políticas por parte de intereses privados, debilita al Estado y a quienes más necesitan de su labor, las clases más populares.

También la reputación de un país se resiente a causa de la corrupción, lo que acaba socavando la confianza de los inversores y lastrando, por tanto, las posibilidades de desarrollo. A esto hay que unir el problema de disfuncionalidad general que se presenta tanto en el sector público como en el privado. La calidad de los bienes y servicios disminuye y adquirirlos se vuelve más costoso, lento e injusto, lo que hace que se impongan quienes pueden pagar sobornos en lugar de quien más lo necesita o quien verdaderamente lo merece. De la misma manera, las corporaciones tienen menos incentivos para ofrecer mejores productos o ser más competitivas en precio o innovación, sabedoras de que lo fundamental será que paguen la mordida correspondiente o colaboren con las redes corruptas de cada caso.

Llevándola a sus mayores y más graves consecuencias, la corrupción causa muertes directas; por ejemplo, en la construcción de infraestructuras. Cuando se desplomó un puente en Génova en agosto de 2018 y murieron, al menos, treinta y nueve personas, hubo muchas causas posibles que considerar. La corrupción no fue la más obvia, pero las investigaciones posteriores encontraron que una empresa de construcción controlada por la mafia al parecer había usado «cemento debilitado» en el proceso de construcción. Este caso y otros parecidos han sido estudiados por Naciones Unidas y se encuentran documentados en los materiales de la ONUDC, la Oficina de Naciones Unidas contra la Droga y el Delito.

Las consecuencias políticas vienen derivadas de todo lo anterior: la confianza ciudadana en las instituciones cae de forma pronunciada cuando se desvelan casos de corrupción o cuando la sociedad entera es consciente de que las tramas corruptas han colonizado el Estado. Numerosas investigaciones académicas, así como estudios y mediciones realizados a nivel internacional —como por ejemplo los Latinobarómetros, el índice de percepción de la corrupción de Transparencia Internacional o los análisis sobre calidad de la democracia efectuados por el instituto sueco V-Dem—, muestran que existe una correlación entre la percepción de corrupción y la desconfianza institucional. En efecto, la etimología es sabia, y la corrupción rompe, como se señalaba anteriormente, la materia prima de la democracia, que no es otra que la confianza en las instituciones y en los demás.

Cuando despertamos, la guerra seguía ahí

El 24 de febrero de 2022, Putin invadió Ucrania, echando abajo todos los pronósticos de expertos que aseguraban que jamás sucedería. Cuando se escriben estas líneas, la guerra, que se presumía que sería rápida por la superioridad militar rusa, lleva más de tres años causando bajas y destrozando todo lo que encuentra a su paso. Una guerra que desde el primer momento puso de manifiesto la dependencia energética de la Unión Europea, que ha disfrutado de notables cotas de bienestar gracias en buena medida al gas barato ruso, porque la canciller alemana Merkel pensaba que, con la compra de combustible, se establecía una alianza estratégica fundamental para eliminar cualquier amenaza de conflicto entre Europa y Rusia. Una guerra que ha obligado a la Unión Europea a enfrentarse a debates y contradicciones que no esperaba, mientras se dispara la sensación de inseguridad y miedo.

Poco más de año y medio después, el 7 de octubre de 2023, Hamás cometía un brutal atentado en Israel. Una ocasión que Netanyahu no tardó en aprovechar para iniciar el genocidio del pueblo palestino. Las cifras de muertos, muchos de ellos niños, todavía hoy no dejan de aumentar. Las imágenes del horror se acumulan en los informativos. El mundo parece incapaz de reaccionar, preso de la memoria del Holocausto que pesa sobre Alemania, del apoyo de Donald Trump a Israel y de la incapacidad de actor alguno para detener la barbarie que Netanyahu está cometiendo. Tampoco Europa. El derecho internacional ha quedado sepultado bajo las ruinas de Gaza, mostrando de forma obscena que estamos en otra etapa, en un nuevo paradigma en el que el multilateralismo y el orden internacional basado en reglas agonizan, sin que sepamos aún a qué otro modelo dará lugar. Por el momento, la razón de la fuerza y la hegemonía de quienes puedan disponer de mayor potencia de fuego parecen estar consolidándose de manera abierta, provocadora, incluso insultante. No es que en el pasado inmediato o más lejano los Estados más poderosos no se impusieran mediante instrumentos coercitivos; es que ahora lo hacen prescindiendo de disimulos, ajenos a cualquiera de las reglas que creíamos establecidas y consolidadas. No hay hipocresía: no se intenta disimular la brutalidad disfrazándola con reglas de contención. Por vez primera desde la Segunda Guerra Mundial, el chantaje geoestratégico se está poniendo a la orden del día. Sin ambages.

Europa occidental llevaba años felizmente ajena a la guerra, convencida de que semejante catástrofe no podría volver a pasar. Cuando Mbembe escribía sobre *necropolítica* afirmando que la expresión de la soberanía se encuentra en el poder de decidir quién puede vivir y quién puede morir, nos parecía que hablaba de gobernantes despiadados que tiranizaban a pueblos lejanos, generalmente en el África poscolonial.[19]

Europa occidental vivió décadas en las que ni siquiera en las facultades de Ciencias Políticas estudiábamos ni enseñábamos nada que tuviera que ver con la estrategia militar ni cosa que se le parezca. Se trataba de contenidos que quedaban reservados a círculos muy especializados. Como recuerda Margaret MacMillan: «En la mayor parte de las universidades occidentales el estudio de la guerra se descuida en gran medida, tal vez porque tememos que el simple acto de investigarla y pensar en ella conlleve una suerte de aprobación».[20]

En efecto, las sociedades europeas en general se han alejado de todo lo referente a la guerra, llegando a aceptar el espejismo de que era un asunto del pasado. Incluso la guerra de los Balcanes se pretendió ver como una «guerra civil», algo ajeno a los demás vecinos del continente, que asistieron impávidos al genocidio, las violaciones y las masacres. Cuando en julio de 1995 se produjo la matanza de Srebrenica, en la que fuerzas serbias asesinaron a miles de personas bosnias, esa área había sido declarada «zona segura» por la ONU y tropas holandesas desplegadas sobre el terreno como cascos azules garantizaban la protección de una muchedumbre de refugiados. No sirvió de nada. Los mandos de los soldados holandeses prefirieron plegarse a las imposiciones de los jefes serbios, luego condenados como criminales de guerra. Pero muy pocas voces europeas se alzaron para denunciar aquel triste hecho. El Viejo Continente estaba a otras cosas.

En un buen número de países, el servicio militar obligatorio dio paso a modelos de ejércitos profesionales y la sociedad se distanció de todo lo que tuviera que ver con el mundo castrense. Fue, sin duda, un triunfo propio de sociedades democráticas y desarrolladas. Como debía ser.

El problema es que el loable y necesario rechazo a la guerra fue también parejo a su olvido, incluso a la negación de su posibilidad. Llegó a imponerse la idea de que las guerras, si las había, ya no serían cuerpo a cuerpo en campos de combate, sino que se producirían mediante complejos mecanismos en el ámbito del ciberespacio. Se acabarían los muertos de carne y hueso; la batalla sería virtual y su destrucción operaría en el campo económico. La guerra se imaginaba como un videojuego más: *Call of Duty*, *Battlefield*, *World in Conflict*...

Y eso, a pesar de las huellas que la guerra había dejado en los países europeos. La propia Unión Europea fue creada como la mayor conjura para que el horror no volviera al Viejo Continente, aunque este aspecto desapareciera enseguida del relato. Hoy toca recordarlo cada vez más a menudo. En efecto, la Segunda Guerra Mundial continúa protagonizando investigaciones, novelas, películas, exposiciones. No hay pueblo francés que no exhiba un monumento a los caídos por la patria, localidad alemana que no tenga una referencia al horror vivido, ni ciudad española que no conmemore en sus calles alguna de sus contiendas. Incluso en los últimos años se han construido memoriales en muchas ciudades a las víctimas de la Guerra Civil en España, una asignatura pendiente que los españoles aún no hemos cursado del todo. La guerra está presente en calles, plazas, libros, películas, artes, videojuegos y polémicas cotidianas. Y, sin embargo, creíamos que ya no sería posible verla tan cerca. Pertenecía al mundo del pasado. La guerra estaba lejos, incluso cuando, como se ha dicho, se libraba en una Yugoslavia que formaba parte de la Europa central desde el origen de los tiempos, y sus ecos, cuando llegaban, lo hacían con la debilidad de la distancia. Sonaban durante apenas unos días, semanas a lo sumo.

En algunos países ricos olvidamos, deliberadamente, que la historia de la humanidad no se entiende sin las guerras. Ellas crearon los Estados, y los Estados se perpetuaron, o lo intentaron, gracias a ellas. Durante la segunda mitad del siglo XX, las guerras constituían con diferencia el mayor gasto público de los

Estados más poderosos. Hoy, en momento de contiendas híbridas, si al gasto militar le sumamos todos los que entran en ese nuevo concepto, nos asombraríamos de la cantidad de recursos que consume. Así y todo, el debate sobre el incremento de los presupuestos de defensa motivado por la guerra en Ucrania y la política belicista de Trump han obligado a esas amnésicas sociedades europeas a enfrentarse al dilema. ¿Más presupuesto para defensa? ¿Para qué exactamente? ¿A cambio de dejar de gastar o invertir en qué? ¿Para revitalizar la industria armamentística europea o para comprar armamento a Estados Unidos en lo que sería, sin duda, una muestra más de rendición de la UE ante las exigencias de Trump?

Las guerras han vuelto al primer plano de la actualidad y su mera amenaza tiene un poder transformador sobre las sociedades. La cumbre de la OTAN celebrada en Madrid en junio de 2022 subrayó los cinco «dominios» en que se juega hoy la guerra: tierra, mar, aire, ciberespacio y el espacio ultraterrestre. Los sitios de las guerras han crecido y el poder destructivo, siquiera sea de su amenaza, es cada vez mayor. Pese a todo, seguimos empeñados en ignorarlas.

Nos resulta incómodo, contradictorio y extemporáneo pensar la guerra, y esto en sí mismo dice mucho (para bien) de una sociedad, pero la realidad nos obliga a recordar que la guerra nunca dejó de estar ahí. Conocerla, estudiarla y pensarla, no solo en círculos expertos, puede ser una buena manera de alejarla.

Entre los aleteos de millones de mariposas

La recuperación del protagonismo de la guerra se produce en un contexto de enorme complejidad ante el que nos sentimos incapaces de reaccionar y hacer predicciones con la celeridad debida. Si bien la interdependencia que existe hoy en las relaciones internacionales no es nada nuevo, ha ido incrementándose conforme la globalización económica, la rapidez en las transmisiones de datos y la movilidad diaria de cientos de millones de personas aumentaban de manera exponencial. En la pandemia, ese fenómeno se hizo muy evidente y formó parte de una experiencia vital que compartimos a lo largo y ancho del planeta. Desde que se tuvo constancia de la aparición de un «bicho» extraño y mortífero en tierras de la lejana China, bastaron cien días, poco más de tres meses, para que el mundo se parara por completo.

Podríamos jugar a dibujar un mapa de impactos donde se reflejaran todas las repercusiones, directas e indirectas, de la invasión de Ucrania por Putin la noche del 24 de febrero de 2022. Crisis energética en Europa, incremento de la inflación —que ya repuntaba tras el parón económico provocado previamente por la pandemia—, hambrunas en el África subsahariana —adonde han dejado de llegar los cereales ucranianos—, incremento de los presupuestos de defensa en toda Europa, aumento del temor y del clima belicista en los países bálticos, centralidad de las relaciones entre Rusia y China, influencia rusa en elecciones de Estados miembros de la Unión Europea apoyando a formaciones ultraderechistas, etcétera, etcétera. Los mercados internacionales se agitaron. Ni las criptomonedas escaparon a la onda expansiva de las bombas rusas.

Se activó una especie de «efecto mariposa», solo que en este caso el grácil insecto lanza misiles supersónicos y arrasa ciudades. Nadie saldrá ileso del todo a medida que los daños colaterales se extiendan desde el Dniéper hacia Europa occidental y más allá. Los países son conscientes de ello y lo usan como arma de guerra.

Al definir los grandes paradigmas que pueden explicar los engranajes de las relaciones internacionales, dos politólogos norteamericanos, Robert Keohane y Joseph Nye, desarrollaron a finales de la década de 1980 la teoría de la interdependencia compleja, opuesta a la del realismo. Simplificando mucho, se podría afirmar que, mientras esta última, en sus múltiples ramas, considera al Estado el gran actor de la política internacional, cuya conducta viene presidida por el interés racional calculado sobre bases egoístas a causa de la ausencia de un gobierno internacional, el paradigma de la interdependencia cambia radicalmente el enfoque. Keohane y Nye insistieron ya desde sus primeros libros en que las relaciones internacionales se traban por algo más que la acción de los Estados; ahí están las multinacionales cada vez con más poder, la sociedad civil organizada, los foros informales como Davos o similares con auténtica capacidad de influencia, etcétera. Por otro lado, y con un enfoque muy diferente del de los realistas, advirtieron que la agenda global está formada por problemas de naturaleza múltiple en los que no existe una jerarquía clara de importancia; de hecho, muchos proceden de elementos de política interna de los Estados, lo que hace que la división entre política interior y exterior cada vez sea más tenue. Fue Joseph Nye quien alumbró la idea de «poder blando», hoy ampliamente cuestionada, aludiendo a las múltiples formas de ejercer el poder, sin mediación de la fuerza, para forjar alianzas, llegar a acuerdos y asegurar los intereses propios.

La palabra clave es *complejidad.* Valga un ejemplo. Merkel presumía de que, mientras Rusia obtuviera una parte sustancial de sus ingresos de la venta de petróleo y gas natural a Europa, la amenaza de conflicto se diluiría. Pero la interdependencia nunca fue tan sencilla. Bastó con que Rusia se asegurara con China y otras naciones la venta de energía para que lo que había sido un factor de dependencia se diera la vuelta como un bumerán. De ahí que la Unión Europea pasara de preguntarse si Europa sería capaz de dejar de comprar petróleo y gas a Rusia para no financiarle la guerra a correr despavorida por medio mundo buscando gas ante la amenaza de que Putin cortara el suministro.

La cosa no se queda aquí. Como la guerra todo lo contamina, conflictos bélicos que estaban enquistados han vuelto a adquirir protagonismo y desde China llegan vientos bélicos que alcanzan a Taiwán.

Las sociedades europeas son conscientes de esta complejidad y reclaman mayor seguridad a la Unión Europea. En el barómetro de invierno de 2025, el 36 % de los encuestados piden a la UE que priorice la defensa y seguridad del continente, el 32 % que se centre en competitividad, economía e industria, y el 27 % que lo haga en independencia energética. La guerra ha cambiado las preocupaciones de los europeos; la incertidumbre y el miedo conducen a escenarios y debates que se pensaban superados. Hay algo más: las guerras actuales, y la invasión de Ucrania lo ejemplifica con insólita perfección, empiezan a desarrollar sus propias características. Tanto la estrategia y la táctica como el armamento, la tecnología y los criterios de aplicación están cambiando por momentos. Los nuevos artefactos y nuevos métodos existentes fuera y dentro del teatro de operaciones obligan a establecer nuevas teorías al respecto. El control de las redes digitales y de los mecanismos cibernéticos en el campo de batalla actual nos sitúa ante realidades inéditas. No hay más que ver cómo los drones se imponen a los carros de combate, los sistemas armamentísticos se amparan en la invisibilidad y las operaciones en la retaguardia del enemigo se vuelven mucho más complejas y destructivas.

Conmigo o contra mí

Se podría decir aquello de que, en contextos de confrontación, no caben las posiciones intermedias: o estás conmigo o estás contra mí; o estás con tu pueblo y tu ejército de forma incondicional y acrítica o eres un traidor. Conviene recordar que no siempre fue así. Solo unos ejemplos. Durante la Segunda Guerra Mundial, Churchill era continuamente cuestionado, rebatido e interpelado críticamente por el partido de la oposición, el laborista, pero jamás se le pasó por la cabeza ilegalizarlo. La foto de la niña huyendo del ataque de napalm en la guerra de Vietnam dio la vuelta al mundo y encendió todavía más los movimientos de repulsa a la guerra que ya existían. Eso por no hablar de la publicación de los llamados Papeles del Pentágono, que podían haberse considerado secretos militares.

Sin embargo, esta vez al asesinato de la verdad le acompaña el del espíritu crítico, del matiz y de cualquier elemento que pueda hacer temblar el cierre de filas. Una vez iniciada la barbarie que supone todo conflicto armado, los bombardeos sobre ciudades, los asesinatos y excesos de cualquier clase, la posibilidad de mantener una visión crítica sobre lo que hace el mismo bando al que se apoya distingue de forma fundamental a quienes aún aspiran a sostener el ideal democrático de los que han renunciado a él. Las sociedades democráticas no pueden permitirse hacer desaparecer el sentido crítico ni silenciar los cuestionamientos. Aunque la Unión Europea haga gestos de solidaridad y apoyo a Ucrania poniendo en marcha el proceso de adhesión, sabe, como reconoce por encima de todo, que el camino que debe recorrer Ucrania para cumplir con los mínimos estándares democráticos exigidos por la Unión Europea es muy largo. Pese a ello, no se pone en cuestión la necesidad de apoyar a Ucrania ante una invasión repugnante ni se le niegan recursos y fondos, aun sabiendo el enorme coste que la guerra tiene y tendrá para Europa; pero no conviene taparse los ojos ante una realidad, como siempre, compleja y contradictoria, que necesita de la crítica para poder ser comprendida. Si lo que prima, como parece ser, es el «conmigo o contra mí», estamos condenados a no entender nada.

Suele decirse que la verdad es una de las primeras víctimas de la guerra y hoy en día estamos conociendo ejemplos de ello casi cada jornada. Si la contienda bélica estalla, además, en un contexto de desinformación y manipulación como el que se describe a continuación, la verdad queda fatalmente arrinconada entre vídeos manipulados, informaciones sesgadas y análisis que ocultan más que lo que dicen.

Hemos tenido constancia de algunos de estos ejercicios de desinformación, por ejemplo, en Israel, pero tardaremos en saber cuántas veces hemos sido nosotros mismos víctimas de esta desinformación en acontecimientos tan trágicos como los que se están viviendo en Ucrania o en el genocidio que se está perpetrando en Palestina. Si esto es así, ¿puede una sociedad reaccionar con conocimiento de causa? Difícilmente.

CAPÍTULO 3
La conversación pública, envenenada

> El periodismo es lo que necesitamos para que la democracia funcione.
>
> WALTER CRONKITE

Solo cuando la conversación pública ha comenzado a desprender odio en una espiral de crispación, bulos y violencia hemos empezado a prestarle la atención que merece. Hasta ese momento, y salvo para aquellos que, con Habermas a la cabeza, han ido intentando desentrañar lo que supone la conversación, la discusión y la deliberación para las sociedades democráticas, el debate público se ha entendido como un espacio gestionado por los medios de comunicación, dando por hecho que siempre sería así y sin alcanzar a ver la trascendencia de su función en democracia. Cuando la ola impugnadora de la indignación incluyó a los medios informativos en el listado de entidades que ya no merecían confianza, empezamos a ser conscientes de la importancia de su actividad y de la trascendencia que la conversación pública tiene para las democracias. En algunos países, España entre ellos, las asociaciones de periodistas popularizaron la consigna «sin periodismo no hay democracia» y la sociedad empezó a entender hasta qué punto es así en cuanto intuyó las consecuencias de la sustitución de una buena información elaborada por profesionales de acuerdo a una metodología contrastada y un código deontológico por las intoxicaciones de *influencers* dedicados a esparcir mentiras, medias verdades y odio a la velocidad de un tuit.

Hoy, cuando la conversación pública está tan envenenada que no puede cumplir su cometido por antonomasia y dificulta la comprensión y gestión de los retos que tenemos por delante, se empieza a entender mejor la trascendencia que tiene en sociedades democráticas. Periodismo y democracia se necesitan mutuamente. Se podría decir, siguiendo el lema de las asociaciones de periodistas, que sin periodismo no hay democracia, pero sin democracia tampoco puede haber periodismo.

Una sociedad es un espacio de comunicación

Si usted marcha a vivir a un país lejano pero cada mañana sintoniza en el *smartphone* la *app* de su emisora de radio habitual en su país de origen, sigue informándose por el mismo periódico (ahora digital) que leía antes de partir y no se pierde los partidos del equipo de su ciudad natal, ¿a qué sociedad pertenece? ¿A la que le vio nacer y en la que ha vivido tanto tiempo o a la que ha emigrado? Si esto ocurre, posiblemente estará usted viviendo esa apasionante y en ocasiones perturbadora experiencia que es el mestizaje, habitando dos espacios públicos a la vez. Una sociedad es, a fin de cuentas, un espacio de comunicación, así que, aunque usted marche a vivir a otro país, si escucha la misma emisora de radio, lee los mismos periódicos y sigue los mismos acontecimientos deportivos, seguirá perteneciendo (también), en buena medida, a la sociedad de la que marchó.

Quizá ha sido necesario que haya venido internet, incumpliendo su promesa de servir de herramienta democratizadora de la aldea global, para que valoremos la importancia de la comunicación en la sociedad. La red ha hecho estallar en pedazos el espacio común para fragmentarlo en múltiples burbujas cada vez más autorreferenciales y con menos conexiones. Si no compartimos unos mínimos espacios de información y comunicación, ¿podemos considerarnos una sociedad?

Hoy la desinformación encabeza los *rankings* de riesgos mundiales, como el que publicó en 2025 el World Economic Forum, el todopoderoso Foro de Davos. Cumbres empresariales, organizaciones de periodistas, entidades de la sociedad civil preocupadas por la democracia, Naciones Unidas, la Unión Europea, buena parte de los gobiernos del mundo: todos ellos prestan atención a ese fenómeno que hemos llamado «desinformación» y del que hace apenas una década ni siquiera habíamos oído hablar. Sus derivadas son múltiples. Sin ir más lejos, la OTAN incluye la desinformación como un arma de guerra cognitiva englobada dentro de las amenazas híbridas. En efecto, se trata ya de un problema de seguridad.

¿Qué queremos decir exactamente cuando hablamos de desinformación? Los ingleses, tan precisos para algunos conceptos, distinguen entre *misinformation* cuando se refieren a información errónea, *malinformation* cuando se trata de información dañina y *desinformation* cuando la información es errónea, o, mejor dicho, falsa, y con intención de hacer daño; este último es, probablemente, uno de los conceptos más amplios y letales de los conocidos como «desórdenes informativos».

Su objetivo, como ya dijera Hannah Arendt antes de que el término *desinformación* ocupara un lugar en la conversación pública, no es tanto engañar a alguien sobre algo concreto como anular la capacidad de distinguir la verdad de la falsedad, hacer dudar al individuo de la existencia de hechos ciertos, establecer una sospecha permanente que lleva a una desorientación generalizada que añade más incertidumbre e inseguridad.[1] Las estadísticas nos dicen que, de cada diez noticias que lee en su periódico de referencia, el ciudadano apenas concede credibilidad a tres, en el mejor de los casos. Esas tres, ¿se las cree sin ningún asomo de duda? ¿No se siente abocado a la sospecha, acogiéndose al (falso) mantra de que los periodistas mienten continuamente y defienden sin fisuras a quienes son de su cuerda y machacan a los contrarios desde sus redacciones convertidas en trincheras?

La tipología de la desinformación es múltiple. «Cuando hay una inundación, lo primero que falta es el agua potable», suele decir el periodista Iñaki Gabilondo como metáfora de que la sobreabundancia de supuesta información lo que acaba provocando es que no exista información de calidad. *Infoxicación* e *Infocracia*[2] son dos términos que expresan esta sensación de saturación que tiene la sociedad. Una saturación —más de datos que de información y, desde luego, nunca de conocimientos— que impide, en efecto, que se tenga acceso a una información merecedora de ser considerada como tal.

Otro tipo de desinformación, quizá la más popular, hace referencia a las mal llamadas *fake news*. Mal llamadas porque, como bien se encargan de recordar los periodistas con oficio, si son *fake* no son *news*; es decir, si son falsas, no son noticia.

Todos y cada uno de los tipos de desinformación llegan a ser un veneno para la conversación pública. Así lo creen el 82 % de los ciudadanos europeos,[3] que consideran que la existencia de noticias o informaciones que tergiversan la realidad o son manifiestamente falsas supone un problema para la democracia. En Latinoamérica el panorama no es más alentador. Según el Latinobarómetro del año 2024, el 72 % de los ciudadanos de aquellas latitudes consideran que las noticias que escuchan en la televisión son falsas, el 62 % creen que ocurre lo mismo respecto a las noticias difundidas por la radio y el 60 % están convencidos de que en la prensa escrita se difunden también noticias falsas. La sospecha sobre la falsedad de las noticias que se divulgan a través de redes sociales la tienen el 76 % de los entrevistados.

Este es el panorama actual de la desinformación, pero ¿se trata de un fenómeno nuevo? En absoluto. Un proyecto de la Fundación Telefónica nos sorprende con su mirada hacia atrás, nada menos que al Imperio romano.

> César Augusto, sucesor de Julio César, fue el emperador romano con el mandato más prolongado, unos cuarenta y tres años. Sin embargo, su ascenso al poder no resultó sencillo y, en él, las *fake news* cobraron un papel fundamental.
>
> El futuro César, conocido antes de ocupar el cargo como Octavio, se disputaba el trono con Marco Antonio. El primero contaba con una fuerte influencia en el Senado romano, mientras que el segundo buscaba aumentar la influencia de Roma y aunarla a la de Egipto, en donde gobernaba su amante, la falsamente presentada como *femme fatal*, Cleopatra.
>
> En esa relación Octavio encontró su baza para hacerse con el poder, haciendo correr bulos y rumores sobre la supuesta pérdida de juicio de Marco Antonio, que, rendido a los encantos de su amante, actuaría contra los intereses de Roma.
>
> Las estratagemas del futuro César Augusto fueron variadas, pero quizá la más llamativa fueron las conocidas como *monedas de Marco Antonio.* Aprovechando el poder de difusión de las divisas, mandó acuñar en ellas una serie de frases cortas contra Marco An-

tonio. A modo de tuits, le retrataban como un mujeriego, borracho y un simple títere de Cleopatra. Tuvieron resultado, pues Octavio acabó convirtiéndose en el primer y más longevo emperador de Roma.[4]

Desde las monedas de Marco Antonio hasta Cambridge Analytics, hay toda una colección de ejemplos de desinformación que muestran que la mentira —pues no es otra cosa— tiene una historia tan larga como el propio ser humano.

Desinformación de alto impacto

Si la desinformación en alguna de sus formas ha sido una constante en la historia, ¿por qué le prestamos hoy tanta atención? ¿Cuál es el motivo por el que en la actualidad tiene tanto impacto? Sería muy fácil decir que por la gran penetración y ubicuidad de las redes sociales, y algo de eso hay. Más fácil aún sería acusar al conjunto del ecosistema digital, y, en efecto, también tiene su parte. Pero entonces nos quedaríamos en la superficie del problema.

Lo que hace que la desinformación hoy cobre especial importancia e impacte de forma determinante en nuestras vidas es, fundamentalmente, desde mi punto de vista, la suma de dos factores, a modo de tormenta perfecta: un ecosistema digital sin gobierno ni legitimidad democrática alguna, que además opera en un contexto de crisis de intermediación. Un dato curioso: en un reciente estudio de audiencias publicado por el CIS, se puede comprobar la diferencia que existe en materia de confianza en los medios entre los que votan a partidos progresistas y quienes optan por fuerzas de la ultraderecha, especialmente críticos y desconfiados con los agentes de intermediación.[5] Nada menos que veinte puntos separan a unos y otros. Quienes se declaran progresistas valoran más positivamente los medios convencionales; los votantes de extrema derecha, por el contrario, son los que más confían en las redes sociales, prácticamente el doble que la media española.

Como el lector enseguida descubrirá, la idea de crisis de intermediación recorre todo este trabajo. De hecho, la sombra del recelo ciudadano que se proyecta hoy sobre las democracias es consecuencia de una quiebra de la confianza tanto en las instituciones como en los órganos de intermediación. También, como se ha visto, en los medios de comunicación. ¿Cómo van a articular la conversación pública en estas condiciones?

La irrupción de internet, que tuvo y sigue teniendo impacto sobre el conjunto de la sociedad, fue especialmente disruptiva en el ecosistema mediático. En las primeras décadas de este siglo XXI incluso se proyectó en forma de utopía la idea de que la red nos permitiría «librarnos» de ese poder que se arrogan los medios de determinar qué es noticia y qué no. Los periodistas, *gatekeepers* del sistema informativo, eran quienes tomaban esa decisión. La tecnología los despojó de su poder a cambio de una supuesta fuerza horizontal democratizadora. Todo esto se vivió en una parte de la sociedad como una máxima utópica de participación y democracia. Aquello iba a ser el *summum* de la horizontalidad.

El sueño duró poco. Pronto se vio que el poder en la red no solo no está más distribuido, sino que tiende a concentrarse más, porque ahora quienes deciden lo que leemos y lo que no son unos algoritmos programados por empresas tecnológicas sin legitimidad democrática ni transparencia alguna y no hace falta cumplir ningún código deontológico ni seguir el método propio de quienes ejercen el periodismo (comprobación, contraste, rigor, búsqueda de la verdad...) para emitir mensajes con apariencia de información. Todo esto ha ayudado ciertamente a envenenar la conversación pública, y ha acabado con el modelo de negocio de esos medios, que han visto mermados sus ingresos y su audiencia. Podría decirse que la crisis tecnológica ha mutado en financiera, arruinando literalmente a muchos medios, especialmente en el terreno de la prensa escrita. Sin sus ingresos tradicionales, con la publicidad emigrada en masa a internet, han perdido su independencia y, con ella, la capacidad de ofrecer información objetiva de calidad.

Ahora bien, siendo indudable lo anterior, una pregunta emerge con fuerza: ¿qué responsabilidad tiene la crisis de confianza en los medios en todo este panorama? Arendt lo formula así: «Mientras la prensa sea libre y no esté corrompida, tiene una función enormemente importante que cumplir y sin duda merece el nombre de cuarto poder. Otra cosa es si la Primera Enmienda bastará para proteger esta libertad política esencial: el derecho a una información de los hechos no manipulada, sin el cual la libertad de opinión se convierte en una burla cruel».[6] Podemos debatir hasta la saciedad si los medios de comunicación de hoy son más o menos libres y si están o no corrompidos, pero la percepción que la ciudadanía tiene de ellos, como se ha reflejado anteriormente, no deja lugar a dudas. Dicho de otra manera, ¿si hubiéramos seguido confiando en los medios de comunicación, los cambios tecnológicos hubieran operado con la misma virulencia? Nunca lo sabremos. Lo que es indudable es que la crisis tecnológica y financiera cabalgó a lomos de la crisis de confianza y, en estos momentos, los medios de comunicación adolecen de falta de credibilidad y de modelo de negocio. La tormenta perfecta.

Todo esto contribuye a que la desinformación se extienda fácilmente sin nadie que, profesionalmente y de acuerdo con un método, articule con rigor la conversación pública. Las formas en que opera son bien conocidas: generar dudas, sembrar desconfianza, extender la sospecha sobre el contrario... Los motivos pueden ser económicos —cuando se busca desacreditar a la competencia—, pero también ideológicos —munición para desarbolar al adversario político— o mismamente geopolíticos, como se está comprobando en no pocos países víctimas de campañas de desinformación que buscan subvertir los regímenes democráticos. La campaña del Brexit es el ejemplo más conocido —y hoy ya reconocido por quienes pusieron en marcha la estrategia—, pero desde luego no es el único.

Tampoco son los medios los únicos responsables de la desinformación. Cabe preguntarse hasta qué punto un partido político que personifica sus mensajes en una campaña electoral, mostrándome solo aquellas partes de su programa que pueden interesar a una mujer de mediana edad y urbana, no está también haciendo un ejercicio de desinformación. ¿Por qué han de informarme únicamente de sus propuestas sobre vivienda o planes de pensiones y no de sus planteamientos en políticas de defensa o de fomento del deporte base, por ejemplo? ¿Por qué los estudiantes reciben solo información sobre las políticas relativas a educación, deporte y cultura? ¿Acaso no les interesa también qué piensa hacer cada partido con las pensiones, la política exterior o la gestión del agua?

Estrategias, objetivos y métodos de desinformación hay muchos y el desarrollo tecnológico, probablemente, favorecerá que sigan creciendo. Imaginemos las consecuencias que tendrá el perfeccionamiento y desarrollo de la inteligencia artificial a la hora de manipular imágenes, crearlas a la medida de intereses de parte, producir noticias sucesivas dirigidas a manipular la opinión pública, etcétera. El efecto que todo ello provoca es, y puede serlo aún más en el futuro inmediato, una conversación pública tóxica incapaz de cumplir la función que le corresponde en democracia, nada menos que la creación de opinión.

Todos los análisis coinciden en que el de la desinformación es un fenómeno global, multidimensional, que necesita una mirada transdisciplinar y el trabajo conjunto de diferentes actores sociales. A ello volveremos más adelante. Porque si, como sostengo aquí, la conversación pública está envenenada, urge encontrar el antídoto.

En resumen

Si las políticas neoliberales de comienzos de siglo en América Latina y la sacudida financiera, económica, social y política que supuso la crisis de 2008 generaron una reacción contra lo instituido que reclamaba más y mejor democracia en buena parte del mundo, hoy la indignación ha mutado en decepción, por un lado, y rabia, por otro. La decepción se expresa de múltiples maneras, pero parte de la constatación de que las promesas de lo que se llamó la nueva política no consiguieron paliar los malestares, que siguen ahí. En efecto, «cuando desperté, el malestar seguía ahí», se podría decir parafraseando a Monterroso. Esto no significa que los malestares de hoy sean culpa de los fracasos de esa nueva política, pero sí que en ellos resuena el eco de la decepción, de la ocasión perdida, de la ventana de oportunidad cerrada. Y, como en política no existe el espacio vacío y los malestares han cambiado pero permanecen, la rabia hoy no la capitalizan quienes buscan más y mejor democracia, sino quienes buscan socavarla. La rabia ha cambiado de bando y hoy en día es patrimonio tanto de fuerzas de ultraderecha como de neorreaccionarios que se definen a sí mismos como la «Ilustración oscura».

Esos malestares y descontentos que persisten hunden sus raíces en una globalización neoliberal que se olvidó de las personas y puso a los mercados globales en el centro, hizo caso omiso de la desigualdad que crecía en muchas sociedades —aunque no lo hiciera si se miraban cifras globales— y propició una retirada de lo público que se tradujo en una clara sensación de desprotección. La espiral del miedo comenzó a activarse y empezaron a abrirse grietas, que pronto se convertirían en profundas brechas, entre las élites cosmopolitas y quienes se sienten excluidos de los centros de poder.

Todo esto en un contexto de pérdida de confianza de la ciudadanía en las instituciones y en todos los agentes de intermediación; una desconfianza que crece, además, con cada nuevo caso de corrupción y que se multiplica cuando se conoce la dimensión de los desafíos del mundo actual, con la reaparición de la guerra en Europa y unas nuevas reglas en la esfera internacional, y ante lo que la conversación pública reacciona levantando una espiral de desinformación y crispación.

Razones para el descontento hay muchas, en efecto. Aunque no pueden dejar de reconocerse los logros y avances que cada día se obtienen gracias a la acción de la (buena) política, que son numerosos, lo cierto es que todos los indicadores ponen de manifiesto que la brecha entre unos y otros sigue ensanchándose. Entre representantes y representados, entre esas élites bien preparadas para el mundo global, con buena formación, capacidad de influencia y residencia urbana, y esas otras gentes (heterogéneas) que se sienten desprotegidas ante grandes asuntos que las superan, que consideran que no tienen capacidad de influencia alguna porque nunca son preguntadas ni escuchadas y que ven cómo su vida no mejora ni tiene posibilidad de hacerlo. Esa brecha se abrió hace tiempo y, lejos de cerrarse como proponían quienes llegaron para cambiar la política, se está agrandando.

A grandes rasgos, esos son los motivos que, desde mi punto de vista, nos han traído hasta aquí. El análisis de los datos y la observación de la realidad apuntan en esta dirección. Si aún creemos —como es mi caso— que una sociedad más igualitaria y cohesionada es una sociedad en la que todos y todas, las que estamos y los que vendrán, viviremos mejor, es fundamental entender bien cómo se manifiestan hoy esos descontentos para hacerles frente.

Segunda parte

LAS CARAS DEL DESCONTENTO

CAPÍTULO 4
Una multitud aturdida por la incertidumbre, temerosa y desconfiada

> Es toda una experiencia vivir con miedo, eso es lo que significa ser esclavo.
>
> *Blade Runner*, 1982

Los politólogos estudiamos las democracias como el entomólogo mira por el microscopio los insectos: diseccionando sus partes y escudriñando su funcionamiento. En los últimos años todos los estudios coinciden en un diagnóstico: la democracia está en claro retroceso, lo que supone un cambio respecto al pasado reciente. Si la Encuesta Mundial de Valores 2017-2022 mostraba que más del 80 % de la población mundial veía «bien» o «muy bien» vivir en un sistema democrático, cada vez tenemos más estudios donde esto se empieza a poner en duda, fundamentalmente —aunque no solo— por los jóvenes.[1]

Entre 1989 y 2015 se produjeron cincuenta y nueve transiciones a la democracia; el fin de la Guerra Fría trajo consigo la extensión de los sistemas democráticos en el mundo. Ese proceso ha concluido y hoy estamos asistiendo a un punto de inflexión hacia el sentido contrario. Hay quien le pone cifras y habla de un retroceso de cuarenta años. Sin embargo, no conseguimos determinar con certeza lo que está sucediendo y tampoco llegamos a ponernos de acuerdo en la identificación de los factores que han contribuido a ello, ni siquiera en cómo y cuándo se paró la máquina del bienestar para convertir a las democracias en generadoras de malestar.

Tradicionalmente se han estudiado los problemas de la democracia diferenciando entre fallos de procedimiento y de resultado. Los primeros hacen referencia al funcionamiento de las instituciones, y los segundos, a su incapacidad para resolver los desafíos que se presentan en cada momento, así como para conseguir objetivos tales como un buen nivel de desarrollo y bienestar social, igualdad socioeconómica, justicia social, etcétera. Al mismo tiempo, hoy nos enfrentamos a algo más profundo pero también más etéreo y difuso, ya que tenemos, indudablemente, problemas de procedimiento (con la corrupción en primer lugar) y de resultados (desigualdad, pobreza...), pero todo ello afecta tanto a las emociones como al raciocinio y, por ello, ha de entenderse analizando tanto los estados de ánimo como los de opinión.

A menudo nos sentimos desorientados, desprotegidos, poco o nada vinculados con las instituciones, desconfiados... Todos estos sentimientos están en el origen, según se ha visto anteriormente, de ese profundo malestar que hoy nos hace pensar que demasiadas cosas se están quebrando. Vayamos por partes.

Caminamos mal por terreno desconocido

Piensen ustedes en cuáles son los tres grandes desafíos que afrontamos como humanidad. Si en su cabeza aparecen la crisis climática, la revolución digital con todos sus efectos (inteligencia artificial y desinformación incluidas) y los movimientos de personas, habrán llegado a la misma conclusión que buena parte de los grandes informes de riesgos globales que elaboran concienzudos expertos.

A estos problemas hay que añadir todo lo referente a la guerra, una invitada inesperada en la lista de los grandes retos que está provocando cambios en la percepción y demandas de la sociedad. De cómo se gestionen estas dificultades depende ya el presente y dependerá el futuro de la humanidad.

El cambio climático, la crisis que todo lo cambia

Cuando una nevada de dimensiones extraordinarias asoló Madrid en el año 2021, enseguida las redes sociales se poblaron de mensajes advirtiendo que aquello era una prueba más de la inexistencia de la crisis climática. Si caía semejante nevada en Madrid, decían los negacionistas, es que lo del calentamiento del planeta era un sinsentido. Nada más lejos de la realidad, tal y como mostraron a los pocos días los estudios de atribución, es decir, las investigaciones que analizan hasta qué punto un fenómeno ha sido causado o exacerbado por el cambio climático. Sin embargo, un tuit suele llegar más rápido y a más destinatarios que todos los sesudos estudios solo aptos para expertos.

Las predicciones a futuro y los efectos de la crisis climática se van dibujando mediante complejos escenarios construidos sobre múltiples variables. La ciencia difícilmente puede afirmar de manera inflexible que la temperatura va a subir x grados y tampoco puede establecer la manera específica en que ello afectará a todas y cada una de las zonas del planeta. Lo único que los científicos pueden decir, tras muchos años de estudio, es que el clima está cambiando a consecuencia de la acción humana[2] y que el cambio se está acelerando.[3] No pueden aventurar mucho más, entre otras cosas porque todo depende de lo que hagamos.

Los «problemas retorcidos», como se llama en sociología a problemas como la crisis climática, suelen estar entrelazados unos con otros y tienen causas y efectos múltiples que hacen que su evolución no sea lineal. Así, la complejidad es uno de los hándicaps a los que nos enfrentamos a la hora de gestionar la crisis climática, desafío especialmente relevante para los sistemas democráticos, que necesitan que la sociedad entienda el problema y las decisiones que deben adoptarse para que estas adquieran legitimidad y no provoquen rechazo.

No es la complejidad el único obstáculo que las democracias tienen que salvar para gestionar la crisis climática: el tiempo y el espacio son otros dos. Empecemos por el primero, el tiempo. El compromiso político y la rendición de cuentas tienen lugar, en el mejor de los casos, cada cuatro años, cinco en algunos países. Resulta difícil encajar los objetivos a largo plazo con la toma de decisiones a corto, porque ello desborda el marco temporal de la lógica política. ¿Votarían ustedes por una alcaldesa que les planteara asumir en los próximos cuatro años transformaciones de la ciudad que pueden suponer molestias en los próximos meses a cambio de mejoras que solamente verán las próximas generaciones? Eso ha estado ocurriendo hasta hace bien poco en algunos países europeos cuando las medidas contra la contaminación en las ciudades han llevado a peatonalizar los centros y cascos históricos. En cuanto se lanzaba la idea, la oposición de vecinos y comerciantes saltaba a la palestra. Han tenido que pasar años y demostrarse las ventajas que la peatonalización suele llevar aparejada (mayor actividad comercial, zonas de paseo y recreo, pacificación de calles, menos contaminación, etc.) para que empiece a mirarse de otra manera. Así y todo, aún quedan detractores, aunque la gran mayoría están en los entornos de partidos de ultraderecha, que han hecho de la transición ecológica uno de los fenómenos contra los que batallar.

En cuanto al espacio, los desafíos ambientales han sido el gran ejemplo de la naturaleza global de los grandes retos, como ya puso de manifiesto Ulrich Beck.[4] Aunque usted elige alcaldesa, presidente de comunidad autónoma o máximo representante de su país, los foros globales multilaterales, donde los Estados se reúnen para abordar los grandes objetivos y ambiciones estratégicas, le resultan entes lejanos, abstractos, que no se sabe muy bien a qué acuerdos llegan ni para qué sirven. ¿Acaso se cumplen? Volvamos a su voto. ¿Apostaría por alguien que quiera que su país lidere y encabece los compromisos ambientales asumiendo el coste que tengan, aunque el resto del mundo no lo haga? La respuesta más popular durante muchos años a la insistencia de dejar de quemar carbón era «mientras China lo siga haciendo...». Y el carbón chino, que efectivamente se quema y emite gases de efecto invernadero, ha sido la excusa para no hacer lo que cada nación debía hacer o para generar malestar en una parte de la sociedad cuando su gobierno sí lo hacía. Por cierto, mientras tanto, China seguía, en efecto, quemando carbón, pero se convertía al mismo tiempo en una potencia en energías renovables y coches eléctricos, hasta el punto de que, en la actualidad, está ya a la cabeza de mercados estratégicos relacionados con la electrificación y la descarbonización.

Si algo ha constatado la ciencia en los últimos años es que estamos caminando, en cierta medida, por terreno desconocido, porque carecemos de referencias que nos digan cómo reacciona el planeta a estas nuevas condiciones, que, además, cambian en función de las decisiones que se vayan tomando sobre reducción de emisiones y de cómo y cuándo se materialicen. El futuro no está escrito, pero en lugar de ver el margen de maniobra y mejora que tenemos, la incertidumbre redunda en miedo y este lo tiñe todo. También la posibilidad que las democracias tienen de aplicar medidas urgentes de adaptación y planes ambiciosos de mitigación del cambio climático.

Transición justa o barbarie

En la gestión de la emergencia climática y en el modelo de políticas que se planteen para hacerle frente nos jugamos también el futuro de la desigualdad, que puede ser tanto como decir el futuro de las democracias. La crisis climática nos hace más pobres, pero también más desiguales. Más todavía a nosotras, las mujeres, y mucho más aún a ellas, las que sufren con mayor virulencia la catástrofe. Veamos por qué.

Las hambrunas, la escasez o el aumento del precio de los alimentos provocado por la crisis climática desencadenan mayores cotas de desigualdad, malestar social e inestabilidad política. En ocasiones, incluso se encuentran en el origen de algunos conflictos armados. En buena medida, por ejemplo, las guerras endémicas que se producen en el Sahel africano, desde la orilla del Atlántico a la del Índico, han sido aceleradas por los drásticos cambios acaecidos en el clima de la región. Las sequías y la pérdida de zonas cultivables o de pastos han puesto patas arriba países enteros, ya que han empeorado unas condiciones previas ya de por sí penosas, muy similares a las que experimenta gran parte del África poscolonial. Si en el Sahel existe ya una terrible inestabilidad a causa de la infiltración del yihadismo en las redes criminales vinculadas al tráfico de personas,[5] la grave alteración del clima ha echado más leña al fuego.

Plagas, sequías, inundaciones, fenómenos extremos u olas de calor comprometen en torno a un tercio de la producción mundial de alimentos. Según ha puesto de manifiesto el Panel Intergubernamental sobre Cambio Climático en su informe especial sobre la materia,[6] la crisis climática hará que el precio de los cereales aumente, de promedio, un 7,6 % de aquí a 2050, pero, en función de cómo evolucione el clima, dicho incremento podría llegar hasta el 23 %.

Si lo miramos a nivel global, nos encontramos con lo que ha venido a llamarse «la doble injusticia del cambio climático»: los países que menos han contribuido a su aparición por quedar al margen de los procesos de industrialización son los que más difícil tienen gestionar los efectos de esta crisis por falta de recursos y tecnología y, al mismo tiempo, los que acusan las peores consecuencias, dada la dependencia que tienen del sector primario y de todo lo que acontezca en el territorio. Valga un ejemplo: Bangladesh, que solamente produce el 0,06 % de las emisiones mundiales de gases de efecto invernadero, tiene casi el 10 % de la superficie del país a un metro sobre el nivel del mar, lo que hace que su subida comprometa el medio de vida y el hábitat de alrededor de treinta y cinco millones de personas. Esta desigualdad se pone también de manifiesto en las emisiones per cápita. Según un informe de Oxfam y el Instituto de Medio Ambiente de Estocolmo publicado en 2020,[7] el 1 % más rico emitió, entre 1990 y 2015, más del doble de carbono que la mitad más pobre de la humanidad. Sin embargo, las peores consecuencias las sufre esta última, pues tiene menos posibilidades de hacer frente a los fenómenos extremos, la escasez de alimentos o las olas de calor, por ejemplo. Piensen lo que supone una sequía en la rica España: pérdida de cosechas y encarecimiento de precios que nos hacen a todos más pobres, por un lado, y una ardua negociación con los seguros para que cubran todo lo posible, por otro. Un problema importante, desde luego. Pero la misma sequía en el cuerno de África se cobra la vida de millones de seres humanos. La doble injusticia del cambio climático se muestra de forma trágica.

La crisis climática está también detrás de un buen número de desplazamientos y migraciones no deseadas, tanto en el interior de los Estados (desplazamientos) como a través de sus fronteras (migraciones). En efecto, los países que sufren la doble injusticia del cambio climático son también los que tienen mayores tasas de migración y desplazamientos, como muestra el Instituto de Monitoreo de Desplazamientos Internos (IDMC, por sus siglas en inglés). Según sus informes, en el año 2018, de 28 millones de desplazamientos que hubo en el mundo, 16 estaban directamente relacionados con la crisis climática; en 2019, de 33,4 millones de desplazamientos, 23,9 eran atribuibles al clima; en 2020, de 40,5 millones de desplazamientos, más de 30 estuvieron motivados por las condiciones climáticas; en 2021, de 38 millones, 22,3 fueron causados por problemas asociados con la catástrofe climática; en 2022, 31,8 de los 60,9 millones de desplazamientos estuvieron vinculados al mismo fenómeno. Los últimos datos disponibles hasta la fecha, del año 2023, cifran en 46,9 millones el número de desplazamientos totales, de los que 20,3 son por hechos atribuibles al cambio climático.[8] Una mirada a los países donde más se producen estos desplazamientos confirma esa «doble injusticia del cambio climático».

Si se analizan solo las migraciones, las conclusiones son demoledoras. Les propongo que lo comprueben por ustedes mismos: en la versión interactiva del *Informe sobre las migraciones en el mundo 2024*, elaborado por la Organización Internacional de Migraciones, se puede entrelazar la posición de cada país en indicadores como el índice de desarrollo humano, el índice de paz global, el índice de Estados frágiles, el índice de riesgo y el índice de pasaportes de Henley. No sorprenderá comprobar que al comparar estos índices con el mapa de migraciones se obtienen resultados equiparables: quienes más emigran son las personas procedentes de países con indicadores precarios. Esta nueva realidad ha llevado a la consideración de la figura de migrante climático para hacer referencia a quienes se ven obligados a dejar su hábitat como consecuencia de los efectos de la crisis climática.

Podría pensarse que la desigualdad que exacerba la crisis climática se manifiesta solo entre países, pero no es así. La posibilidad de mantener la vivienda en condiciones de confort térmico en momentos de olas de calor o en episodios extremos, o de hacer frente al incremento del precio de los alimentos en situaciones de sequía o pérdida de cosechas por fenómenos meteorológicos destructivos afecta de forma radicalmente distinta en función de la renta disponible, incluso dentro del mismo país y del opulento Occidente. La desigualdad económica es, junto con las desigualdades asociadas a la edad, el género y el territorio, uno de los factores que influyen tanto en el grado de afección como en la forma de afrontar fenómenos tales como las olas de calor.[9]

El huracán Katrina en Estados Unidos es un ejemplo de cómo la crisis climática afecta en mayor grado al colectivo más pobre e incrementa, por ello, la desigualdad. Quienes vivían en las zonas más depauperadas se vieron mucho más afectados, ya que a menudo carecían de recursos o de vehículo propio para huir, y los esfuerzos realizados para sacarlos no fueron suficientes, según relatan quienes han estudiado el fenómeno. Por si esto fuera poco, diversos estudios muestran que la clase y la raza fueron cruciales para determinar quiénes recibían ayudas tras el desastre. Así, la población con menos recursos tuvo también mayores dificultades para acceder a la asistencia financiera disponible.[10] Las investigaciones que se realizaron diez años después de la tormenta mostraron cómo el ingreso promedio de los negros había caído un 15 %, mientras que entre los residentes blancos había aumentado un 40 %.

Decía anteriormente que la crisis climática nos afecta más a nosotras, y todavía más a ellas. En efecto, ser mujer es un agravante también en las consecuencias de la crisis climática. En buena parte de los países en vías de desarrollo, las mujeres están especialmente afectadas por las consecuencias del cambio climático. La falta de posibilidades para reaccionar ante fenómenos extremos, como las inundaciones, la carestía de alimentos que sufren a consecuencia, por ejemplo, de una sequía voraz, el incremento de la violencia de género en situaciones de fenómenos extremos o vinculadas a la guerra y a la propia migración, o las dificultades adicionales para realizar tareas cotidianas como el acarreo de agua o leña y que hacen que las niñas dediquen menos tiempo a la escuela son algunos de los ejemplos de cómo la crisis climática golpea de forma especial a niñas y mujeres.[11] Existen múltiples estudios de caso que documentan esta realidad.

También en el mundo desarrollado las mujeres sufren de forma particular los efectos de la crisis climática, sobre todo las mujeres pobres. En España, cuando se estudia el fenómeno de la pobreza energética, se puede comprobar que entre los principales afectados está el grupo de familias monomarentales, es decir, mujeres solas con niños y niñas a su cargo. El género actúa a este respecto como un agravante más que, unido a la pobreza, multiplica los riesgos en situaciones de estrés como las que genera el cambio climático.

En suma, si bien no puede culparse al cambio climático de la existencia de pobreza, es indudable que la está agudizando, al mismo tiempo que incrementa la desigualdad. Las migraciones y los desplazamientos no voluntarios no son un fenómeno nuevo, pero el cambio climático empeora las condiciones de vida en algunos territorios y, como consecuencia, multiplica los desplazamientos no deseados. Los problemas de desigualdad de género tampoco los ha inventado el cambio climático, pero, como agrava las condiciones de vida, hace que aumente también la brecha de género.

El cambio climático, por tanto, no solo nos vuelve más pobres, sino que nos hace más desiguales, especialmente a las mujeres; al mismo tiempo nos plantea nuevas necesidades, como la gestión de los fenómenos migratorios que, de no abordarse correctamente, pueden incrementar las tensiones, precisamente en aquellas áreas y territorios donde la pobreza y la desigualdad son mayores.

Esto no tiene por qué ser así. Políticas decididas tanto de mitigación como de adaptación al cambio climático, así como la puesta en marcha de estrategias ambiciosas de transición justa, pueden convertirse en auténticas herramientas para combatir la desigualdad; todo tipo de desigualdad, no solo la que hace referencia a la crisis ambiental.

Más adelante volveremos a este asunto, pero conviene subrayar esta idea: la crisis climática nos hace más pobres y desiguales, pero la forma en que se aborde la transición ecológica puede profundizar más aún esta desigualdad o, por el contrario, ayudar a paliarla.

La (aparentemente) ingobernable revolución digital

La revolución digital, hoy ya de forma innegable, se encuentra en buena medida en manos de grandes empresas transnacionales. Tiene la capacidad de cambiar numerosas dinámicas sociales, que van desde la manera en que nos comunicamos hasta el teletrabajo, pasando por la forma en que la Administración pública se relaciona con la ciudadanía. Pero, como ya se ha señalado anteriormente, sobre todo ha sido capaz de fragmentar ese espacio de comunicación que es la sociedad en millones de burbujas autorreferenciales. Es decir, espacios donde solo entran personas de ámbitos ideológicos, aficiones o estilos de vida muy parecidos. Se podría pensar que eso siempre ha sido así, dada la tendencia que tenemos los humanos a juntarnos con los similares, y en buena medida es cierto. El problema se agudiza cuando no hay nada que nos obligue a salir en algún momento de esas burbujas. Cuando no compartimos espacio de trabajo, aula de estudio, club de montaña, grupo de gimnasio o clases de danza, música o ajedrez con nadie que no se identifique al máximo con nosotros mismos. En la medida en que las relaciones digitales van ganando espacio en detrimento de las presenciales, este problema se acentúa.

La incertidumbre provocada por la revolución digital tiene bastantes más implicaciones de lo que pudiera pensarse, pues, entre otras cosas, nos obliga a reflexionar sobre algunos dilemas que creíamos superados. Durante la pandemia se produjo un intenso debate sobre la vieja disyuntiva entre libertad y seguridad, esta vez en versión digital, que nos llevó a discutir sobre el límite de la videovigilancia o el seguimiento mediante aplicaciones digitales para intentar parar los contagios. Más recientemente, la guerra de Ucrania ha mostrado la consolidación de un nuevo ámbito, el ciberespacio, como lugar en el que cada vez se libran más batallas, incluida la guerra entre Estados y, por supuesto, la desinformación.

La importancia de ejercer un buen gobierno sobre la revolución digital que incluya normativa, innovación, educación, formación, etcétera, es clave. Estamos ante un entorno privado, ajeno a cualquier gobernanza o legitimidad democrática, de enorme impacto sobre el espacio público.

Si ayer eran las redes sociales las que concentraban el grueso de las investigaciones, los estudios y las discusiones relativos a sus efectos, hoy es la inteligencia artificial, y lo que centra buena parte de los debates es el desconocimiento de hasta dónde puede llegar una herramienta como esta. ¿Es posible sentirse seguro en un entorno así?

Esta incertidumbre va unida a una especie de determinismo tecnológico al que alguna rama de las neurociencias nos quiere abocar, obviando que somos los humanos los que debemos y podemos decidir el destino que le damos a la tecnología y no al revés. Que el desarrollo tecnológico condiciona la sociedad es algo que la sociología lleva décadas explicando, pero eso no significa que la determine de forma unívoca. Los mismos principios tecnológicos que valen para diagnosticar enfermedades sirven para construir bombas letales o centrales nucleares de alto riesgo. ¿Quién decide a qué se aplica? El hecho de que se pretenda sustraer la capacidad de decisión de los humanos incrementa la percepción de incertidumbre e inseguridad, a la par que oculta el debate ideológico y la confrontación de intereses que se plantea en esas discusiones. José María Lasalle muestra la gravedad del asunto:

> Desnuda de sentido y propósito, la técnica es hoy una experiencia básicamente nihilista. Una voluntad de poder incesante que incrementa su capacidad de provocar cambios sin propósitos. Lo demuestra su criatura más perfecta: la inteligencia artificial.[12]

Al no tener sentido ni propósito definido, existe el riesgo de que se adueñen de ella quienes tienen intereses ajenos al progreso, el bienestar o la justicia, como están haciendo una buena parte de los neorreaccionarios. Es necesario abrir este debate y preguntarse, con Adela Cortina, qué tipo de ética se debe aplicar: «¿Una ética de la IA es la que deben practicar los sistemas inteligentes desde sus propios valores, o es la que los seres humanos deberíamos adoptar para servirnos de los sistemas inteligentes?».[13] A continuación no estaría de más que complementáramos la reflexión con lo que propone Innerarity: junto a la consideración ética, conviene introducir el análisis político, la perspectiva de la teoría crítica que indaga sobre «las condiciones estructurales que posibilitan o impiden hacerlo bien».[14] En definitiva, quién o qué tiene el poder y cómo lo ejerce en la red.

¿Nos aboca la revolución digital a una mayor desigualdad?

La revolución digital y, en especial, la inteligencia artificial pueden convertirse también en un multiplicador de desigualdades, tanto a nivel global en la distinta progresión de cada país como localmente, con la creación de economías duales que acaben creando diferentes velocidades de desarrollo.[15]

La pandemia supuso un antes y un después en la percepción del impacto que la digitalización en general puede tener sobre nuestras vidas. Esto se ha puesto de manifiesto, al menos, en tres aspectos: la brecha digital, la mercantilización de nuestros datos y la reproducción de los sesgos. Vayamos uno a uno.

La brecha digital, que ya estaba presente antes de la pandemia, se mostró a las claras en las desigualdades entre familias a la hora de disponer de varios, uno o ningún dispositivo que ayudara a seguir las clases a los estudiantes, mantenerse conectado con el trabajo, pedir una cita médica o hacer la compra en línea. Ordenadores, tabletas, teléfonos móviles y una mejor o peor conexión a internet se convirtieron en factores de desigualdad.

Según el Foro Económico Mundial, cerca de 2.600 millones de personas —un tercio de la población mundial— aún no tienen acceso a internet. Si acudimos a los datos del UIT (el organismo de Naciones Unidas especializado en las tecnologías de la información y la comunicación), veremos que en 2015 el 95 % de las lenguas del mundo no encontraban reflejo en la red. En efecto, toda una brecha.

No obstante, la brecha digital no se limita al acceso a los dispositivos. Se manifiesta también en el uso que los individuos son capaces de dar a esos dispositivos. Se pueden tener los más potentes ordenadores y la mejor conexión y no disponer del conocimiento necesario para usarlos, o, por el contrario, se puede contar con menos medios pero ser capaz de sacar lo mejor de ellos. Es decir, al acceso a los dispositivos hay que unir la destreza para saber cómo utilizarlos.

Finalmente, existe una tercera dimensión que tiene que ver con el fin al que se destinan. Aunque se tengan buenos dispositivos y unas buenas capacidades digitales, la brecha se agrandará si no se utiliza dicha tecnología para cubrir necesidades concretas, como pedir una cita médica, disfrutar de formación en línea o desarrollar potencialidades en la economía digital.

Tres son, por tanto, los ángulos por los que se abre la brecha digital: el acceso a los dispositivos —conexión incluida—, las capacidades digitales y la calidad del uso que se hace de todo esto.

Hay, no obstante, más riesgos de desigualdad que los que afectan a la brecha digital, si bien todos están conectados entre sí. La pandemia mostró otra cara de eso que Echeverría y Almendros, en su libro *Tecnopersonas*, han dado en denominar «tercer entorno» y cuyas reglas de juego aún no son conocidas ni asumidas por buena parte de la sociedad.[16] De hecho, el «capitalismo de vigilancia», término acuñado por Shoshana Zuboff para describir las características y consecuencias que puede acarrear la mercantilización de datos personales, saltó enseguida al debate público, porque llamaban la atención las manifestaciones ingenuas y completamente desinformadas que pululaban por la red.[17]

Ya antes de la pandemia existían miedo e incomodidad de saberse observado permanentemente con fines comerciales o políticos. No hay más que recordar, por ejemplo, la polémica que estalló en España en 2019 ante la propuesta del Gobierno de modificar el artículo 58.1 de la Ley Orgánica de Régimen Electoral General (LOREG) para poder realizar perfiles ideológicos de los ciudadanos a fin de mandarles información y propaganda electoral específica de acuerdo con lo que entendía que eran sus intereses, algo que fue impedido por el Tribunal Constitucional aduciendo que «las opiniones políticas son datos personales sensibles cuya necesidad de protección es superior a la de otros datos personales». Por otra parte, el debate sobre el uso de tecnologías virtuales en la gestión de la pandemia en los países asiáticos se aceleró sobremanera en Europa, poniendo de manifiesto la necesidad de abordar hasta dónde se estaba dispuesto a llegar. ¿Cesión de datos, o sea, de privacidad, a cambio de mayor seguridad sanitaria o protección de esa privacidad a costa de restar posibilidades a las actuaciones sanitarias?

El tercer rasgo que se ha ido revelando es la reproducción de sesgos. En Wisconsin se utilizó un algoritmo llamado COMPAS para evaluar la peligrosidad y el riesgo de volver a delinquir que tenían los reclusos con objeto de decidir sobre su libertad condicional. Tras un tiempo de aplicación, y pese a que hay quien dice que el algoritmo tan solo reproduce lo que ya existe,[18] un estudio alertó de que COMPAS atribuía a los negros mayor riesgo de reincidencia que el que realmente tenían, y a los blancos, bastante menos. Este no es un caso aislado. Resulta bien conocido que, cuando la inteligencia artificial se aplica en el ámbito judicial, acaba reproduciendo los sesgos racistas y, cuando se utiliza en los procesos de selección de personal, los puestos de mayor categoría acaban cubiertos por más hombres que mujeres; de la misma forma, cuando personas con rentas no muy altas acuden a una entidad financiera para solicitar un crédito, esta pone mayores trabas a la hora de concedérselo. Hoy existen suficientes pruebas de que el uso de datos personales reproduce, perpetúa y amplifica los sesgos y, con ellos, la desigualdad que existía previamente. Este sesgo puede llegar por varias vías: por los datos que se utilizan para entrenar al algoritmo, por el diseño de dicho algoritmo, por los datos a los que se aplica y por los equipos que lo programan.

En definitiva, las consecuencias que la digitalización en general y la IA en particular pueden tener sobre las democracias son múltiples y están siendo objeto de reflexión por parte de algunos autores que instan a controlar y gobernar la tecnología para que no sea ella la que nos gobierne a nosotros.[19]

Estos elementos, por sí solos, ya son suficientes para relacionar la digitalización con un incremento de la desigualdad. Pero hay más. El impacto de la digitalización y, en especial, la IA sobre las ocupaciones, si no se gestiona adecuadamente, puede dar en la línea de flotación de los empleos más precarios, haciendo naufragar a los trabajadores que menos posibilidad tienen de reciclaje profesional. Aunque se van acumulando ya unas cuantas predicciones que no se han cumplido —como el estudio de Oxford de 2017, según el cual en Estados Unidos los profesionales con mayor riesgo de sustitución eran, primero, los camareros (sustituibles en un 94 % por robots diseñados para el ámbito de la restauración) y, en segundo lugar, los conductores de autobuses, camiones y servicios de entrega (sustituibles entre el 69 y el 89 % de ellos por vehículos autónomos y drones de reparto a domicilio)—, un nuevo informe del Foro Económico Mundial para el periodo 2023-2027 plantea que el 23 % de los puestos de trabajo cambiarán, pero al mismo tiempo se crearán 63 millones de nuevos empleos y desaparecerán nada menos que 83 millones de ocupaciones antiguas. Los trabajos que más crecerán, según el Foro de Davos, son los de especialista en IA, *machine learning* y sostenibilidad, así como los analistas de inteligencia, de seguridad, científicos de datos, etcétera. A continuación, sitúa a los conductores de camiones y autobuses como la segunda profesión con más crecimiento en términos absolutos en los próximos cinco años, por detrás de los operadores de equipos agrícolas y por delante de los profesores de formación profesional. Entre las ocupaciones que perderán puestos de trabajo incluye las relacionadas con tareas rutinarias —operadores de datos, cajeros y taquilleros, reponedores, vendedores, gestores del servicio al cliente y guardias de seguridad—. Asimismo, algunas profesiones con componentes cognitivos —hoy sustituibles—, como secretarios administrativos y ejecutivos, gestores de nóminas y contabilidad, administrativos y gerentes de administración, podrían verse, según los últimos trabajos, en situación de riesgo.[20]

Los movimientos de personas: de fenómeno a «problema» (si no se gestionan bien)

En junio de 2025, en la confortable, rica y plácida ciudad de Vitoria, en el norte de España, aparecieron unos carteles firmados por el grupo ultraderechista Vox. «En 2039 habrá más extranjeros que vascos en Vitoria»; «2039: fecha del reemplazo poblacional»; «Vitoria, 2039: más halal que Idiazábal»; «Vitoria, 2039: más burkas que txapelas», o «Vitoria, 2039: más kebab que pintxos». Una muestra más de la xenofobia que destilan quienes esgrimen una supuesta amenaza a la forma de vida tradicional, que según ellos será aniquilada por la presencia en España de numerosas personas de procedencias religiosas y culturales distintas, el «gran reemplazo» como lo llaman ellos, esos que azuzan el miedo sin base empírica ni motivo alguno, alentando el discurso de odio.

El miedo al migrante, al diferente, lo están agitando quienes defienden sociedades homogéneas como sinónimo de mejores sociedades. Nunca lo han sido. La historia muestra lo contrario. Los propagandistas ultras acuden a argumentos identitarios, culturales o religiosos para generar una espiral de odio. ¿Les funciona? En algunos casos, sí, y urge entender los motivos. Si ahondamos en ellos, encontraremos dos tipos de causas: aquellas de carácter ideológico propias de sectores sumamente conservadores que mantienen actitudes racistas y xenófobas, por un lado, y otras de carácter radicalmente diferente, las de aquellos que ven a los migrantes como una amenaza porque compiten por los mismos o parecidos puestos de trabajo, servicios públicos, etc. Tanto en un caso como en el otro, la pobreza juega un papel fundamental. Cuando hablamos de discriminación y racismo, nadie piensa en la ingeniera estadounidense que migra a Madrid como nómada digital para disfrutar de su vida cultural y sus placeres; ni del diseñador sueco que se instala en Buenos Aires enamorado de sus gentes y sus calles. No, los migrantes que generan rechazo y pueden dar lugar a conflictos de convivencia son los migrantes pobres que llegan al país de destino en busca de una vida mejor. A veces, simplemente, de una vida como tal. La aporofobia sigue siendo uno de los conceptos que mejor explica la discriminación racial.[21] De telón de fondo, condiciones de trabajo cercanas a la esclavitud, infraviviendas, ausencia total de mecanismos de atención sociosanitaria o de políticas públicas de diversidad. Y la brecha, también por aquí, sigue haciéndose más y más profunda.

La migración es un fenómeno tan antiguo como el ser humano. La historia de la humanidad no podría entenderse sin hombres y mujeres moviéndose de un lugar a otro del planeta. Es, por tanto, un fenómeno inherente al ser humano que si no se gestiona de forma adecuada puede acabar convirtiéndose en un problema. Pero nunca al revés: no es un problema en sí, sino que lo que lo puede derivar en problemática es la gestión inhábil o deficiente.

En la actualidad, el número de personas que viven en un país distinto del que las vio nacer es mayor que nunca. Según la División de Población del Departamento de Asuntos Económicos y Sociales de la ONU (DESA), en 2024 el número de migrantes internacionales en todo el mundo era de casi 304 millones, cifra que prácticamente se ha duplicado desde 1990. Los migrantes internacionales representan aproximadamente el 3,7 % de la población mundial, mientras que en 1990 constituían el 2,9 %. Debido al incremento demográfico de algunos países, a la pobreza, los conflictos y la crisis climática, es muy posible que la cifra continúe aumentando a un ritmo creciente. ¿Están las sociedades hoy preparadas para asumir este fenómeno en alza? Difícilmente, si no se aprueban políticas y actuaciones públicas en la materia.

Los países desarrollados, incluidos aquellos con gobiernos progresistas, carecen de políticas migratorias que gestionen la migración como lo que es, un fenómeno tan antiguo como el propio ser humano, presente desde el inicio de los tiempos; un derecho humano, fuente de riqueza y diversidad. La ausencia de estas políticas redunda en desigualdades, agudiza los conflictos, es terreno idóneo para la manipulación por parte de fuerzas de la ultraderecha y, nuevamente, termina alimentando la incertidumbre y el miedo. Pero no tiene por qué ser así.

¿Qué tienen en común la crisis climática, la revolución digital y los movimientos de personas?

Tanto la crisis climática como la revolución digital y los movimientos de personas son fenómenos de enorme complejidad con múltiples facetas. En los tres casos es necesario disponer de los mejores conocimientos (en plural) para poder entenderlos, actuar y evaluar los resultados de las acciones. Su carácter novedoso va a implicar un cierto grado de experimentación que obliga al analista a adoptar una actitud de honestidad intelectual que permita reconocer lo que se sabe y lo que se desconoce, los aciertos y los errores en su gestión, gracias a mecanismos de evaluación permanente. La dificultad crece porque, en democracia, todo esto debe ser entendido, además, por la población en su conjunto y no solo por una pequeña élite.

Por otro lado, los tres elementos son globales y necesitan, por tanto, una gobernanza, un espacio de deliberación y de toma de decisiones global, del que carecemos. No olvidemos que, a excepción de la Unión Europea con todas sus peculiaridades, el ámbito por excelencia de la democracia sigue siendo el Estado nacional. Si los problemas ambientales han sido siempre el mejor ejemplo para entender que las amenazas traspasan fronteras, la revolución digital y los movimientos de personas no son menos desafiantes. A lo sumo, podrán verse afectados por una nueva división del mundo en bloques de influencia, de forma que la tecnología de un bloque sea inaccesible para el otro o que los movimientos de personas no traspasen alguno de estos mundos, pero, en cualquier caso, el marco del Estado se muestra, una vez más, demasiado pequeño para los grandes asuntos. Esto no implica que lo que es de todos sea de nadie. Más bien al contrario: es necesario que cada cual asuma su responsabilidad en su territorio consciente de la globalidad del problema y de sus posibles soluciones.

Hay un breve relato, una fábula popular, que ilustra muy bien esta situación. El cuento tiene cuatro personajes —Todos, Alguien, Cualquiera y Nadie— que han de terminar un trabajo importante para el día siguiente. «Todos sabía que Alguien lo haría. Cualquiera podría haberlo hecho, pero, en realidad, Nadie lo hizo. Alguien se enfadó cuando se enteró de lo sucedido, porque le correspondía hacerlo a Todos. El resultado fue que Todos creía que lo haría Cualquiera y Nadie se dio cuenta de que Alguien no lo haría. La historia termina con que Alguien culpó a Todos, porque en realidad Nadie hizo lo que podía hacer Cualquiera».

Finalmente, los tres desafíos se proyectan sobre el futuro sobre la base de la incertidumbre. Los científicos del clima nos advierten de que nunca se han registrado en la historia —hasta donde tenemos constancia— las circunstancias que genera la crisis ambiental en nuestro planeta. La revolución digital nos introduce en un espacio —absolutamente privado, disculpen la insistencia— distinto al que poblamos en la actualidad, con reglas de juego que aún no conocemos pero que apuntan a un futuro incierto en el que hasta las personas podemos dejar de ser tales para convertirnos en «tecnopersonas»,[22] y no sabemos hasta qué punto los cerebros cibernéticos sustituirán a los humanos. Por otro lado, la difícil digestión que están haciendo muchos países occidentales del fenómeno de la migración, junto a la errónea e insolidaria gesción de este movimiento, abre interrogantes sobre las sociedades mestizas, plurales y diversas, cuyos detractores aprovechan para generar inseguridad y miedo.

Caminamos por terreno desconocido en materia climática. A la par, sabemos que la transición verde nos hace recorrer caminos inexplorados. Los demás problemas globales generan desafíos inusuales. Se producen cambios a una velocidad uniformemente acelerada. ¿Saldrán bien o mal las transiciones necesarias?, ¿seré víctima de alguna de ellas?, ¿se me llevarán por delante las revoluciones que ya asoman o que están en marcha? Las sociedades cada vez más diversas y mestizas nos enfrentan a preguntas incómodas y hacen estallar contradicciones.

Todo lo descrito es combustible para el miedo colectivo. Un miedo que, sin duda, es captado y animado por quienes se alimentan de él para formular propuestas autoritarias, de ultraderecha o neorreaccionarias. Estaríamos ante eso que Anthony Giddens llamó «inseguridad ontológica», pero elevado a la máxima potencia.[23] Se trata, según Giddens, de algo propio de la modernidad tardía que tiene que ver con el debilitamiento o pérdida de tradiciones y el sentimiento de que es necesario reinventar el sentido de la vida. Ante esto surge una profunda sensación de desconfianza y falta de estabilidad en la propia existencia, la identidad y el momento histórico en el que nos ha tocado vivir. Inseguridad, angustia, pérdida de roles en una sociedad con brechas múltiples. Sería interesante explorar hasta qué punto todo esto tiene relación con el incremento de problemas de salud mental del que dan cuenta los especialistas.

Permítanme formular la misma pregunta que les hacía unos párrafos atrás: ¿es todo esto inevitable? A lo largo de las siguientes páginas intentaré mostrar que todos estos fenómenos pueden incrementar la desigualdad o, por el contrario, convertirse en una oportunidad para reducirla. Eso sí, si se desea optar por la segunda opción, necesitamos entender la lógica que subyace en cada uno de ellos, reconocer que todo proceso de cambio tiene víctimas —estos también— y tomar la decisión (política) de ponernos a trabajar para combatir la desigualdad. En el caso de la inteligencia artificial, Innerarity muestra el camino: «Más que diseñar mecanismos que busquen la neutralidad, es mejor reconocer que la neutralidad es inalcanzable, hacer explícitos los problemas de tales sistemas e intentar mitigar esos sesgos mediante, por ejemplo, reglas de diversidad en la configuración de los equipos que toman las decisiones, revisiones ciegas o limitar su uso a asuntos que no tengan grandes consecuencias».[24] En definitiva, aplicar criterios políticos a la gestión de los grandes vectores de transformación que pueden hacernos más desiguales o ayudarnos a vivir mejor.

No es la primera vez que la incertidumbre domina el panorama. Como recuerda Joaquín Estefanía en un reciente artículo en *El País*,[25] en 1977 John Kenneth Galbraith estrenó una serie de televisión titulada *La era de la incertidumbre*, que dio después lugar a un libro de enorme éxito. En ella contaba los problemas y complejidades a los que se enfrentaba el capitalismo en aquel momento con la crisis del petróleo y la aparición de la estanflación. Galbraith siguió avanzando por el mismo camino y dejó escrito que «el mundo está regido por la incertidumbre, no por la probabilidad matemática». Hay muchos más ejemplos, pero hoy la incertidumbre cobra un significado especial. Hay quien dice que si ahora se le concede tanta importancia es porque está relacionada con factores de largo plazo —todos los aquí descritos lo son—, o porque tiene raíces tanto materiales como emocionales, y, en efecto, así es.

Aparte de todos estos factores que ayudan a entender la dimensión de las dificultades del momento, hay otra variable que ha de ser tenida en cuenta. Nunca como ahora hemos tenido tanto conocimiento de la multiplicidad de factores de los que depende la evolución de todo lo que nos sumerge en la incertidumbre. Eso, y no otra cosa, es la complejidad.

Sociedades temerosas

Si usted aún duda de que el temor y la incertidumbre se hayan apoderado de las sociedades más acomodadas, deténgase un momento en esta breve cronología de lo que va de siglo XXI.

2001: atentado contra las Torres Gemelas e inicio del discurso del «Eje del Mal», con el terrorismo islamista como enemigo; comienzan los controles en los aeropuertos, donde cualquiera con rasgos árabes es sospechoso. 2008: la quiebra de Lehman Brothers desencadenó una crisis financiera colosal que enseguida se tornó económica, social y política; hizo saltar sistemas de partidos y aceleró la pérdida de confianza institucional. 2020: pandemia de covid-19; quince millones de muertos y un fuerte golpe a esa parte del mundo desarrollado que se creía a salvo de casi todo. Según el Eurobarómetro de primavera de 2021, entre los sentimientos que decían tener los europeos en ese momento, el primero era la incertidumbre, y el segundo, la esperanza; pero tras ella aparecían la frustración, la impotencia, el enfado y el miedo. 2022: Putin invade Ucrania y decreta el principio del fin del orden internacional nacido tras la Segunda Guerra Mundial. 2023: brutal atentado de Hamás en Israel e inicio de un genocidio contra el pueblo palestino perpetrado por quienes en su día sufrieron una barbarie similar; la prueba de que las víctimas de hoy pueden ser los verdugos de mañana y de que el siglo XX no estaba tan enterrado como se podría esperar.

En poco más de dos décadas se han sucedido los «cisnes negros»; así es como denominó el filósofo Nassim Taleb a los acontecimientos que tienen poca probabilidad de suceder, pero que, cuando acontecen, tienen un enorme poder disruptivo. La intensidad de su impacto tiene mucho que ver con la aversión a la incertidumbre, que es algo propio de la naturaleza humana y, de forma especial, en Occidente, donde el devenir histórico bien puede entenderse como una búsqueda de certezas. Todo esto incapacita en gran medida para entender lo que está ocurriendo hoy día. Manuel Arias Maldonado lo contextualiza muy bien:

> Lo que distingue a la modernidad es la confianza con la que las sociedades humanas se han enfrentado al porvenir; como si se tratara solo de dar con la técnica adecuada. Pero así como el arúspice dejaba paso al analista, las sociedades se hacían cada vez más complejas, y por tanto impredecibles: aunque puedan calcularse regularidades, no pueden conocerse de antemano las desviaciones. Y ello, en parte, porque las propias predicciones alteran las expectativas de los actores sociales y, con ello, el futuro que describen.[26]

Todo esto proyecta una imagen del futuro tenebrosa, llena de incertidumbres y miedos y sociedades imbuidas de temor, las cuales, inquietas o aterradas ante tan negro futuro, encuentran acomodo en un pasado idealizado que nunca existió, ese que Bauman llama tan acertadamente «retrotopía» y al que apelan los hombres fuertes de la ultraderecha para conseguir adhesiones frente al futuro incierto y oscuro.[27] Luego volveremos sobre este asunto, pero quedémonos, de momento, con una pregunta: ¿puede una sociedad temerosa considerarse una sociedad democrática? Difícilmente. Entre otras cosas, porque el miedo la incapacitará para afrontar los desafíos que se le presentan.

A toda velocidad

La velocidad de los cambios, propiciada por la tecnología y la globalización y convertida en fuerza impulsora de las finanzas hasta el punto de elevarlas a la categoría de protagonistas de la economía, es un elemento definitorio de los tiempos actuales. Una velocidad que actúa como disolvente, volviendo líquido todo lo que toca, y que ante lo sólido impacta como una ola, erosionando el acantilado y saltando por encima. La misma velocidad que favorece a la economía, que se mueve bien en medios líquidos, choca contra esa roca que es la política, especialmente la política democrática.

En el fondo, el control de los tiempos ha ido siempre unido al capitalismo. Adam Smith en *La riqueza de las naciones* lo manifestaba así de claro: «La ventaja obtenida mediante el ahorro del tiempo que por lo común se pierde al pasar de un tipo de trabajo a otro es mucho mayor de lo que a primera vista podríamos imaginar».[28] Tiempo y beneficio forman parte de la misma ecuación, dado que el capitalismo busca obtener el máximo beneficio en el menor tiempo posible. Lo que ahora se vive es una exacerbación de esta idea, porque han cambiado algunas variables claves. Hay un número mucho mayor de personas interactuando más gracias a la tecnología, por lo que se produce un aumento de la velocidad de los cambios en una carrera infinita que no se sabe dónde acabará. Turbocapitalismo, lo llamó el economista norteamericano Edward Luttwak allá por 1996. Unos años más tarde, en 2012, el filósofo alemán Hartmut Rosa puso de relieve, en su libro *Alienación y aceleración: Hacia una teoría crítica de la temporalidad en la modernidad tardía*, que el motor principal de las sociedades capitalistas es el crecimiento ininterrumpido, lo que lleva a una aceleración continua. ¿Les resulta familiar la imagen? En efecto, cuando estos autores desarrollaban sus teorías, los «anarcocapitalistas» aún no habían salido a escena, pero hoy lo hacen blandiendo una motosierra y llevando ese turbocapitalismo a sus más altas cotas.

Al caminar por las grandes ciudades, nuestra velocidad lo dice todo: nos movemos por Madrid, París, Nueva York o Buenos Aires con el ímpetu de la carrera. «Corremos bajo la impresión de tener cada vez menos tiempo, y en realidad no vamos hacia ninguna parte: el verdadero, el genuino sentido está en la carrera misma. Una sensación de profundo desasosiego acompaña a este aparente contrasentido».[29] La velocidad comienza a ser señalada también, si no como un factor, sí como un elemento que contribuye al malestar. Quizá como un síntoma de todo lo que subyace al modo de vida actual.

Aunque no es un fenómeno nuevo, en estos momentos ya permea al conjunto de la sociedad. «Nuestra relación con el tiempo parece haber mudado intensamente como consecuencia de un fenómeno fundamental: si la revolución del transporte cambió la relación con el espacio y la de la producción alteró el vínculo con las estructuras materiales, con las cosas, la aceleración de las comunicaciones ha transformado nuestro modo de relacionarnos con el resto de las personas».[30] En efecto, si la modernidad se construye sobre una realidad 2D, el tiempo y el espacio, la posmodernidad ha revolucionado estas dos dimensiones hasta el punto de llegar a parecer que las ha abolido definitivamente. Ya Castells lo advirtió a finales del siglo XX en una de sus obras de mayor trascendencia:

> Este tiempo real, irreversible, medible y predecible se está haciendo pedazos en la sociedad red, en un movimiento de significado histórico extraordinario. Comprimir el tiempo hasta el límite equivale a hacer desaparecer la secuencia temporal y, con ello, el tiempo.[31]

Hoy el aceleracionismo se ha convertido en bandera para líderes como Milei, quienes, como tantos otros de su cuerda, defienden que hay que romper con el sistema actual, acelerando sus contradicciones. Los aceleracionistas de izquierda apuestan por propulsar las contradicciones del capitalismo hasta que implosione; los de derechas, como el presidente argentino, buscan el colapso para que sean las corporaciones privadas las que se hagan con el poder y dinamiten cualquier regulación. La motosierra lo dice todo.

Por el contrario, la reivindicación de lo lento se percibe bien como un lujo de los ricos, bien como un refugio nostálgico en lo local y lo natural. Movimientos como el *slow food*, que reivindica el disfrute lento de las viandas frente al *fast food* de las cadenas de comida rápida, o el *slow fashion*, que valora la importancia de incorporar la sostenibilidad —y, por tanto, lo duradero— al vertiginoso mundo de la moda, llaman la atención sobre las contradicciones del sistema, pero no acaban de encontrar eco en grandes públicos. En unos casos porque sus propuestas son más caras y no están al alcance del conjunto de la población. En otros, porque chocan de frente con el modo de vida instituido. Si usted vive en una gran ciudad y tiene una jornada de trabajo de nueve de la mañana a seis de la tarde, probablemente comerá en la oficina. En el mejor de los casos, habrá podido cocinar usted mismo y se llevará unas verduritas y algo más en una *tote bag* de lo más *cool*. Tras terminar la jornada, llegará a casa a media tarde y es muy posible que pase por el gimnasio para contrarrestar las horas de silla frente al ordenador o que le toque sentarse con los peques y ayudarles con los deberes. ¿Cuándo puede ir usted al mercado a por esas verduras, carnes y pescados frescos? En efecto, el fin de semana, y comprando para conservarlos en el congelador.

Nada, nadie en quien confiar

Probablemente, el elemento más definitorio de los tiempos que vivimos sea la desconfianza, tanto en lo que se refiere a las instituciones políticas y actores de intermediación como a las relaciones con los iguales. No deja de ser paradójico que esto ocurra tras haber pasado por una pandemia que mostró a las claras que vivimos en un mundo interdependiente en el que un virus que apareció en una parte del planeta tardó apenas cien días en paralizar el conjunto del globo y en el que fueron los cuidados de unos hacia otros y de los sistemas públicos —en especial los sanitarios, aunque no solo— los que evitaron que la tragedia fuera mayor. La desconfianza en las instituciones no llegó al extremo de motivar grandes reacciones de desobediencia civil — en buena parte del mundo la ciudadanía siguió las recomendaciones de sus responsables políticos y sanitarios—, pero provocó, por ejemplo, que en países como España, donde apenas había un 3 o 4 % de personas declaradamente contrarias a las vacunas, el rechazo a la inmunización llegará en los primeros momentos a más del 60 %. Rechazo que se fue disipando conforme las vacunas se fueron inoculando, pero que expuso a las claras hasta dónde puede alcanzar la desconfianza institucional. No obstante, la desconfianza venía de antes y quienes gestionaron la pandemia no supieron, no pudieron o no consideraron necesario poner en valor lo que su trabajo aportó, que fue mucho —sin que esto suponga obviar los errores o los desaciertos que se pudieron cometer.

Este sentimiento de desconfianza se encuentra tan arraigado que, cuando se han vivido tragedias como la dana que causó 229 muertos en la Comunidad Valenciana, en el Mediterráneo español, se ha popularizado el lema «solo el pueblo salva al pueblo», antaño proclama libertaria y ahora convertido en máximo exponente de la antipolítica.

Ustedes estarán ya hartos de oír hablar de la «crisis de la democracia» y habrán comprobado que en lo que va de siglo las estanterías de las bibliotecas de ciencias sociales se han llenado de libros que llevan por título *Así mueren las democracias*, *Así termina la democracia*, *El ocaso de la democracia*, *Las crisis de la democracia*, etcétera.[32]

La sensación de incertidumbre y miedo se agudiza ante la crisis de confianza, tanto individual como social y política, porque esta impide que se perciban la política, las instituciones y otros dispositivos sociales del espacio público como elementos protectores. Como señala Josep Maria Vallès, existe un nexo entre la confianza individual, social y política que combina factores sociales, económicos y políticos.[33]

En Europa, esto se puso de manifiesto durante la crisis financiera de 2008, cuando la ciudadanía pensaba que las élites no solo no estaban velando por el interés general, sino que únicamente se guiaban por el suyo propio. Fueron años de políticas «austericidas» que llevaron a un retroceso de lo público y que dejaron desamparada, tanto en el plano material como en el inmaterial, a buena parte de la población.

Hoy, cuando toca mirar hacia delante con grandes retos en el horizonte, no existe confianza alguna en que quienes nos gobiernan vayan a ser capaces de abordar semejantes desafíos. La crisis climática es de una dimensión tal que aparece a los ojos de la ciudadanía como algo imposible de frenar o gestionar; el debate, entre erróneo e interesado, sobre la revolución digital ha acabado mostrándola como un fenómeno ingobernable, y la demagogia sobre la migración habla continuamente de «avalanchas» o «reemplazos», en lugar de posibilidades de desarrollo. Retos de enorme dimensión que se muestran y perciben, insisto, de forma interesada, como algo que escapa a nuestro control, y que generan una sensación de mayor vulnerabilidad. La inevitabilidad de todo lo que se nos viene encima se homologa a la que se detecta en las grandes catástrofes naturales. Es equivalente a la erupción de un volcán o a la furia sin control de un huracán; fenómenos que ocurren sin dejar margen a la actuación humana. No hay nada que hacer, se dice. Aunque no sea cierto.

La situación es preocupante, desde luego, pero conviene contextualizarla. Las palabras *crisis* y *democracia* llevan unidas desde el principio de los tiempos. De hecho, se podría decir que la idea de crisis está incorporada a la de democracia, en el sentido de que esta se enfrenta a desafíos continuos fruto del paso del tiempo, de la aparición de nuevas dificultades y demandas y de las frustraciones que ella misma va generando por el camino.

¿Qué caracteriza a la crisis de la democracia de este primer cuarto del siglo XXI? ¿Cuál es el elemento fundamental? Una parte importante de los análisis que se han hecho coinciden en un aspecto clave: la desconfianza. En efecto, cada vez que un estudio demoscópico pregunta por ello, o cuando se miran indicadores que nos ayuden a aproximarnos a la realidad, la desconfianza emerge como protagonista: no confiamos en las instituciones, ni en los actores de intermediación de la democracia, ni siquiera en nosotros mismos. Al final, se acaba generando una especie de desconfianza general, algo particularmente grave si se tiene en cuenta que la confianza política es lo que determina en buena medida la percepción de la ciudadanía sobre la calidad de la democracia en general y de su gobierno en particular en cada momento; en definitiva, la calidad del sistema.[34]

Si bien la crisis de 2008 aceleró este proceso, la falta de confianza en estos agentes de intermediación había comenzado mucho antes.[35] España, como otros países del sur de Europa, presenta datos alarmantes. En el Eurobarómetro de 2023, solamente el 24 % de los españoles decían confiar en el Gobierno. Se podrá pensar que, a fin de cuentas, es un gobierno de parte, que está integrado por un partido o partidos concretos y confrontado con la oposición; pero cuando se pregunta a los ciudadanos si confían en el Parlamento, tan solo responde afirmativamente el 16 % y, cuando se plantea la cuestión clave, si se confía o no en los partidos —actores protagonistas de las democracias liberales representativas—, tan solo el 7 % de los españoles y españolas contestan de forma positiva. Los medios de comunicación, los otros «grandes mediadores», no están mucho mejor valorados. Como se ha señalado anteriormente, apenas tres de cada diez europeos conceden credibilidad a las noticias que leen en el periódico o escuchan en la tele o la radio, y quienes se informan a través de las redes sociales, especialmente los más jóvenes, tampoco muestran confianza en la información transmitida por los medios tradicionales. En América Latina, la proporción de ciudadanos que dice preferir la democracia a cualquier otra forma de gobierno ha caído desde el 65 % de 1998 hasta el 52 % en 2024, según las encuestas del Latinobarómetro.

Se podría pensar que estamos hablando de un intangible, de algo etéreo y en última instancia ajeno a la objetividad. Sin embargo, sabemos que hay relaciones muy materiales. En sociedades abiertas, la desconfianza guarda correlación con tres grandes elementos: la incompetencia de los gobiernos —y aquí incluimos tanto la falta de eficacia de la política del momento actual como la incapacidad para dar respuesta a los desafíos presentes y futuros—; el incumplimiento de las promesas electorales, algo que se torna cada vez más habitual no solo por falta de voluntad, sino también por la complejidad creciente de los asuntos en la realidad; y la integridad e imparcialidad de los actores, especialmente en lo que se refiere a la implicación en casos de corrupción.[36] En sociedades cerradas, sin embargo, no parece que esta correlación sea tal. Bien sea por cuestiones culturales, por miedo a la represión, por la seguridad que generan en ocasiones los liderazgos y sistemas autoritarios o por falta de métodos de análisis adecuados, en las sociedades cerradas la confianza no tiene tanto que ver con la buena competencia de los gobiernos.[37]

A estos factores autores como el profesor Sánchez-Cuenca añaden otro de lo más interesante: la colusión entre partidos. Es decir, la coincidencia en programas y políticas de formaciones ideológicamente distintas acaba abonando el dicho aquel de «todos son iguales». En efecto, en tiempos en que culpamos de todos nuestros males a una malentendida polarización, resulta que la anulación de esta genera desconfianza. ¿Cómo es posible? Muy sencillo, la democracia necesita de una cierta dosis de «polarización ideológica», de distancia entre las propuestas de los distintos partidos. Cosa distinta son el extremismo o la crispación, que nada tienen que ver.

Soledad no deseada y solitud añorada

Por si lo anterior no fuera suficiente, hay que recordar que nuestras sociedades afrontan estos retos de forma cada vez más individualista y solitaria. Es difícil ya hablar de «sociedad de masas» y, por lo tanto, de consumo de masas o de medios de comunicación cuando la pérdida de la comunidad y lo colectivo ha dado lugar, especialmente en Europa, a un individualismo que nos asemeja más a una multitud, a una suma de individualidades.[38]

Se trata de un individualismo exacerbado, capaz de diluir la idea de comunidad, los vínculos con los otros, la certeza de que dependemos mutuamente unos de otros para vivir. Semejante individualismo se apoya en lo que considero una errónea y perjudicial idea de libertad, asimilada a la inexistencia de límites, y convierte conceptos clave para el desarrollo humano, como el de cooperación, en sinónimo de ingenuidad y buenismo.

Un individualismo, además, que ha dado lugar a una de las peores epidemias del momento. Ya en 2021 la Organización Mundial de la Salud alertó sobre el fenómeno de la soledad no deseada en Europa y Estados Unidos. Se estima que entre el 20 y el 35 % de las personas mayores de sesenta y cinco años viven situaciones de soledad no deseada. Valores similares se dan en otras regiones, por ejemplo, en Latinoamérica, China o India. En España, según datos del Instituto Nacional de Estadística, el número de personas que viven solas se ha multiplicado por ocho en los últimos cincuenta años y el número de hogares unipersonales ha pasado del 1,9 % en 1970 al 11,1 % en 2020. La preocupación por este asunto ha llevado a crear iniciativas como el «Barómetro de la soledad no deseada en España». La medición de 2024 nos mostró que una de cada cinco personas, es decir, el 20 % de la población, sufre soledad no deseada; que el 67,7 % de ellas llevan en esa situación más de dos años, y que el fenómeno está especialmente extendido en una etapa vital que se asocia precisamente a una mayor socialización, la juventud. Los autores han encontrado relación entre la soledad no deseada y el nivel educativo (a menor nivel educativo, más soledad), así como con el desempleo, la baja calidad de las relaciones familiares y de amistad, los problemas económicos o factores de discriminación como los que viven algunas personas migrantes o del colectivo LGTBIQ+.

La soledad no deseada se ha convertido en tema de preocupación en las sociedades ricas. Una soledad que Andrés Ortega diferencia de la «solitud», ese espacio de soledad buscado, deseado, de sosiego, de introspección y de disfrute hoy tan escaso. Como señala Ortega:

> Estos tiempos, debido a la constante conectividad y a otros factores, nos están robando nuestra esencial, radical y benéfica solitud, para, paradójicamente, imponernos una nada deseable, aunque en parte inevitable y esencial, soledad, lo que empobrece en varios sentidos nuestra introspección.[39]

El futuro tenebroso, la digitalización y la soledad quedan unidos por una línea de puntos fácil de trazar. De repente, ¡cómo no!, aparece Hannah Arendt para advertirnos de la relación que existe entre la soledad y las políticas de intolerancia. Lo dice así en *Los orígenes del totalitarismo* (1951):

> Lo que prepara a los hombres para el dominio totalitario en el mundo no totalitario es el hecho de que la soledad, antaño una experiencia liminal habitualmente sufrida en ciertas condiciones sociales marginales como la vejez, se ha convertido en una experiencia cotidiana.[40]

La suma de incertidumbre, individualismo y soledad da lugar a desconfianza y miedo, máxime si se percibe que ninguno de los agentes mediadores está cumpliendo su papel. Es decir, la erosión de eso que se llama el capital social se lleva por delante la comunidad y, con ella, la confianza de que vamos a ser capaces de afrontar lo que venga. Si no hay comunidad y tampoco hay Estado en el que confiar, ¿quién se va a hacer cargo de lo común? O, dicho de otra manera, la incertidumbre propia de estos tiempos, en un momento en que nos sentimos más una multitud de individualidades que individuos en sociedad, unida a esta cultura nuestra profundamente individualista, exacerbada por la soledad que nos desconecta en tiempos de hipercomunicación, nos hace más desconfiados y temerosos.

La pregunta clave emerge por sí sola: ¿cuánto miedo y desconfianza puede soportar la democracia?

CAPÍTULO 5
¿Quién nos ha robado el futuro?

> Te llaman porvenir porque no vienes nunca.
>
> ÁNGEL GONZÁLEZ, 1961

Si bien el futuro siempre ha sido una preocupación del presente, de unos años a esta parte ha suscitado un interés especial. Al porvenir le dedicamos reflexiones, análisis y coloquios que recorren todos los aspectos de sus condiciones de posibilidad. ¿Hay futuro en el futuro? ¿Quién se hace cargo del futuro? Estas preguntas están provocando cavilaciones y debates en el mundo entero.

El futuro es hoy un interrogante en un contexto cargado de incertidumbre. Para buena parte de la población, es un tiempo hecho de tinieblas y sombras en las que nadie quiere penetrar. No hay más que echar un vistazo a la ciencia ficción del momento. Incluso quienes afirman que «el futuro como progreso sigue vivo en la mente de la gente»[1] lo vinculan a la idea de riesgo e incertidumbre y recuerdan que se trata de un elemento en disputa. Probablemente, la crisis ambiental es la que deja ver esto de forma más clara, aunque no sea el único elemento que opera en ese sentido. Como se ha señalado anteriormente, hasta las ciencias «duras» nos dicen que caminamos por terreno desconocido, puesto que nunca se ha tenido constancia de una situación similar. ¿Cómo vamos, entonces, a entender y pensar el futuro?

Ganaron los Sex Pistols: *No Future*

Era la década de 1970 cuando los Sex Pistols triunfaron con *No Future*, una canción que expresaba el descontento y el rechazo social al sistema británico. La interpretaban con toda la desesperación y la rabia desvergonzada que los punks saben imprimirles a sus canciones y sus crestas. Se hizo famosa con el título *God Save the Queen*, todo un ejercicio de ironía y provocación en el Jubileo de Plata de la reina Isabel que les hizo ser censurados en más de una ocasión. Su música, su letra y su furia se convirtieron en himno y bandera de la contracultura. En la canción repiten una y otra vez que no hay futuro ni para ti, ni para mí, ni para ellos. ¡Dios salve a la reina!

En este contexto cobra sentido la pregunta que encabeza este capítulo: ¿quién, o qué, nos ha robado el futuro? Podría pensarse que la crisis de 2008 y la quiebra de esa línea ascendente de progreso que creíamos que formaba parte de la historia, al menos en Occidente. O quizá el desastre ambiental, que actúa sobre la casa de todos. O el miedo que genera una revolución tecnológica que se antoja compleja, veloz y fuera de control. O la sensación de que la vida no mejora, sino que en el mejor de los casos se estanca. O una mezcla de todos estos elementos y alguno más.

Si tomamos distancia y miramos desde lejos, veremos que todas estas opciones tienen algo en común: hemos sido incapaces de pensar cómo darle la vuelta a la incertidumbre; hemos optado por quedarnos en la cara más oscura, renunciando a imaginar siquiera un futuro deseable. Apenas dedicamos esfuerzos a pensar cómo torcer el brazo a la desigualdad, a meditar sobre las políticas concretas que habría que poner en marcha para hacer sociedades más igualitarias o sobre lo que hace falta para recuperar la confianza en la política. Tampoco focalizamos las conversaciones en cómo hacer de la sostenibilidad y la revolución digital una oportunidad para vivir mejor. Da la sensación de que nada de esto tiene ninguna opción de éxito, por lo que no merece siquiera ser tomado en cuenta. Si esta hipótesis fuera cierta, habría que detener y poner entre rejas a la inercia, la comodidad y la impotencia, pues serían ellas las que, en la medida que nos impiden buscar alternativas deseables, nos han robado el futuro.

Sacar a colación la ciencia ficción como subgénero literario y cinematográfico tiene todo el sentido, porque desde hace décadas en esos terrenos creativos han ido tomando forma las profecías distópicas. Las descripciones de un porvenir preñado de felicidad y regido por la razón, la ciencia y la hermandad entre los seres humanos, con la tecnología como gran aliado y la hiperdemocracia instantánea *online* abriendo maravillosos espacios de participación ciudadana, se transformaron ya en la década de 1960 en un imaginario cada vez más tétrico y amenazador. De repente, la rebelión de las máquinas, la destrucción de nuestro espacio vital como consecuencia de guerras nucleares o catástrofes ecológicas, o los apocalipsis producidos por epidemias y enfermedades devastadoras pasaron a describir futuros en los que la supervivencia de los últimos hombres y mujeres formaba parte de una aventura extrema.

Relatos y películas, series televisivas y novelas gráficas han venido así a crear un estado de ánimo colectivo —e incluso una opinión pública— proclive al pesimismo y al catastrofismo. Nos han mostrado ordenadores y *cyborgs* dispuestos a imponerse a sus creadores humanos, la superficie del planeta completamente arrasada y hasta unas invasiones zombis que han impresionado ya a varias generaciones, mostrándoles el camino al desastre. Lo peor de todo es que las elucubraciones distópicas de los creadores de ficción resultan a menudo mucho más certeras como predicción que muchos productos de la filosofía y la sociología. La novela de Philip K. Dick *¿Sueñan los androides con ovejas eléctricas? —Blade Runner* en su versión cinematográfica— apuntó a futuros que ya estamos viviendo. Más recientemente, la serie *Years and years* nos ha mostrado una hipotética sociedad futura que enseguida fue alcanzada por la realidad.

Hay algo más: la velocidad, signo de estos tiempos, acelerada por la revolución tecnológica en un contexto global, dibuja un escenario presentista del que es muy difícil escapar. Ese aceleracionismo que se viene dando en las últimas décadas en el terreno de las comunicaciones en red y las automatizaciones inteligentes, unido al turbocapitalismo, está alcanzando sus mayores cotas.

Aceleracionismo y turbocapitalismo, junto con las consabidas incertidumbres y desconfianzas, se convierten en factores demoledores de la idea misma de futuro. Si ya no existe el tiempo, es imposible que exista el devenir. De este modo nos han robado el futuro y nos han condenado a un presente continuo que se sumerge en la distopía.

TINA, EL REGALO ENVENENADO DEL NEOLIBERALISMO

Con la crisis de 2008 se rompió la vinculación del futuro y el progreso. A partir de ese momento se empezó a generar la idea de que nuestros hijos, nuestras hijas, iban a vivir peor que nosotros, mezclando en el mismo debate preguntas, ideas y datos enmarañados en el simplismo de esta máxima. De entrada, habría que empezar por definir qué es vivir mejor. Luego volveremos sobre este asunto, pero es momento de señalar que una cosa es que los jóvenes tengan problemas objetivos, y otra muy diferente que demos por hecho que están condenados a un destino fatal, como si no fuera posible alternativa alguna. Conviene preguntarse qué es lo que lleva a este camino de zozobra. Máxime cuando la incertidumbre, aunque se olvide sistemáticamente, es también una puerta abierta a la posibilidad de que las cosas salgan bien. Esa misma incertidumbre que está impidiendo a los «expertos» acertar en sus predicciones —ni la crisis financiera de 2008 ni la pandemia de la covid-19 fueron hechos previstos, por más que la posibilidad de una epidemia apareciera en algunos análisis de riesgos— nos brinda también la oportunidad de tomar decisiones que nos sitúen en el escenario menos malo.

Conscientes de que la modernidad fue garantía de progreso, aunque hoy venimos comprobando que puede dar pasos atrás, muchos renuncian a la pelea —lucha de clases lo llamarán algunos— y claudican ante tendencias que se antojan gigantes: la revolución tecnológica, la globalización, la crisis climática, los movimientos migratorios, etc. Se abona así una actitud determinista y fatalista y se renuncia a la transformación social, pero aquí se olvida algo fundamental: que las sociedades cambian continuamente, y en momentos convulsos como los que vivimos, mucho más.

¿Cómo se puede renunciar al cambio social en plena era de transformaciones y abandonarse a una suerte de apocalipsis inevitable? Sloterdijk lo explica muy bien en una entrevista con la periodista Berna González Harbour publicada en *El País* en enero de 2022: «La democracia necesita un mínimo elemento de esperanza en que las cosas mejorarán en el futuro o al menos que las pérdidas no serán demasiado importantes».[2]

En esta falta de esperanza pesa como una losa el regalo envenenado que nos dejó lo que luego se llamó neoliberalismo, gentileza de Margaret Thatcher: su consigna «*There is no alternative*» [No hay alternativa]. El curso de las cosas es el único posible: no nos deja posibilidad ni margen alguno para que podamos hacer algo al respecto. Como si de una maldición divina se tratara, la noción de lo «inevitable» lo ha inundado todo de nuevo, y de paso se ha llevado por delante el debate político. Porque, si no hay alternativa, tampoco hay discrepancia ideológica, ni propuestas políticas divergentes, ni conflictos que resolver entre aproximaciones diversas. Es el fin de la historia; el fin de la política, en última instancia.

Contra esto luchaban los indignados y quienes recogieron su herencia cuando gritaban «Sí, se puede», como antes lo hiciera Obama con su «*Yes, we can*». Unos y otros habían redescubierto la potencia de la acción colectiva. Que aquellas promesas hayan devenido, en buena medida, en decepción no quiere decir que no haya otras alternativas. Sin duda las hay y podrían llevarse a efecto mucho mejor. ¡Pero hay que buscarlas!

Sin alternativas no hay futuro, volvamos al pasado: por qué avanza la ultraderecha

La ausencia de alternativas es disolvente para la idea de futuro. Y, si no hay futuro, o el futuro es un tiempo tenebroso en el que nadie quiere adentrarse, la mirada se dirige al pasado en busca de algo que reconforte.

Esa multitud temerosa, sola y desconfiada mira al futuro con pavor. La crisis climática lo cambia todo; azota con sequías, inundaciones, violentos incendios y olas de calor nuestra vida cotidiana y anuncia que irá a más. Por su parte, la revolución digital nos introduce en un nuevo universo, de carácter privado y con reglas que aún desconocemos, y transmuta incluso nuestra naturaleza para convertirnos en «tecnopersonas», como se apuntaba anteriormente. El incremento de los movimientos de personas construye sociedades mestizas, pero la migración tiene impactos distintos en función de las desigualdades y de las diferencias culturales y religiosas que existan. Por si fuera poco, los roles de género han saltado por los aires, y los varones, especialmente los jóvenes, se muestran desorientados y perplejos pero también cabreados. Si la incertidumbre es el rasgo característico del estado de ánimo social, la inseguridad es el de un número creciente de hombres y mujeres de todas las edades que no confían en nada ni en nadie.

Frente a esto, surgen «hombres fuertes» —sí, también hay mujeres— que proponen un escenario que, en apariencia, reconforta y aporta seguridad. La apelación a la «familia tradicional» busca resituar los roles de hombres y mujeres donde siempre han estado y, por supuesto, negar de plano cualquier identidad sexual que salga del binarismo heterosexual hombre-mujer. En una familia tradicional como la que le vio nacer, ese muchacho de poco más de veinte años sabe lo que se espera de él. Ella también. La dominación machista se relativiza o desaparece a cambio de la seguridad y la confortabilidad que da conocer las reglas del juego y saber qué se debe hacer. Volver a un sitio en el que ya se ha estado y a cuyo recuerdo se le ha aplicado el filtro idealista. Es, exactamente, lo que Bauman llama «retrotopía».

Esa sociedad idealizada que nunca existió se recuerda también como una arcadia de valores compartidos con una identidad religiosa común, donde no existía la delincuencia, ni la inseguridad, ni el conflicto. Para sostener el relato has de culpar al otro, al migrante, al diferente, de ser el causante de todos los males: peleas en la calle, robo de teléfonos móviles, violaciones... Sobre todo, si es pobre. Aporofobia para conjurar el miedo; y, paradójicamente, en muchas ocasiones, aporofobia entre pobres.

José Antonio Sanahuja y Camilo López Burian, en un libro colectivo editado por Steven Forti en 2023, explican a la perfección cómo opera la vuelta al pasado, aquí, además, con la idea de patria y nación como telón de fondo y, justamente, con un ejemplo español. Lean:

> El 8 de octubre de 2022 Vox iniciaba su festival anual, Viva 22, con un peculiar espectáculo teatral de casi una hora de duración, titulado *La historia que hicimos juntos*. Lo conduce como narrador un abuelo, interpretado por el actor Pepe Ruiz, que traslada a su nieto una particular versión de la historia de España basada en «reyes, descubrimientos, la fe cristiana, batallas, soldados, sangre, milagros y héroes». Comienza el espectáculo con un vídeo en el dormitorio del nieto, y nos dice su abuelo que «todo comenzó en Covadonga, en el siglo VIII». Lo que convierte a Covadonga en el hecho fundacional de la nación española, según el narrador, es la unidad frente al islam bajo la fe cristiana: «Ocho siglos costó echarlos», dice el abuelo mientras se presenta una estampa de la Reconquista, al estilo de Augusto Ferrer-Dalmau, pintor de historia militar popular entre las derechas (Batalla 2021,79), en la que los estandartes cristianos, qué causalidad, eran la bandera rojigualda.[3]
>
> Aquí no solo hay una vuelta al pasado, sino un retorcimiento de la historia de España hasta convertirla en una lucha épica contra el invasor, «los árabes».[4]

En la misma dirección apunta la defensa que la ultraderecha suele hacer del «campo» no tanto desde ópticas ambientales, sino más bien como defensa de un modo de vida identificado con las tradiciones. En algunos países, como España o Francia, esto le lleva incluso a formular propuestas de defensa del campo, del territorio o del paisaje, coincidiendo en ocasiones con posiciones de grupos ecologistas, pero no por su defensa del medio ambiente, sino por su reivindicación de las tradiciones y las costumbres.

Si alguien conserva alguna duda acerca de la vuelta al pasado que propugna la ultraderecha, le recomiendo que eche un vistazo a los eslóganes de campaña de algunas de sus formaciones más relevantes. El último de Donald Trump da nombre a su propio movimiento, el MAGA (Make America Great Again), que llama a hacer Estados Unidos grande de nuevo. «*Take back control*», les dijeron a los británicos quienes abogaban por el Brexit; es decir: «recuperemos el control». En Suecia, el partido de ultraderecha se apoya en el miedo a un futuro que deje al país huérfano de su propia esencia: «Que Suecia siga siendo sueca». «Preparada para levantar de nuevo a Italia», decían Hermanos de Italia en 2022. «Los Países Bajos vuelven a ser nuestros», clamaban en 2021 desde el Partido de la Libertad; «Vuelve a votar Holanda», gritaba el Foro para la Democracia...

Como es sabido, el ascenso de los partidos de ultraderecha en todo el mundo obedece a múltiples factores. Algunos son compartidos y otros propios de cada contexto, pero en cada uno de ellos se observa una llamada a volver a un pasado idealizado que nunca existió, algo que reconforta y palía los sentimientos de inseguridad que se extienden por capas sociales cada vez más amplias.

CAPÍTULO 6
¿Qué ha hecho la democracia por los jóvenes?

> De acuerdo, pero aparte del saneamiento, la medicina, la educación, el vino, el orden público, el riego, las carreteras, el sistema de agua potable y la salud pública, ¿qué han hecho los romanos por nosotros?
>
> *La vida de Brian*, MONTY PYTHON

Elena nació en 2005, así es que pertenece a la generación Z. Durante su infancia, su familia tuvo que hacer frente a los estragos de la crisis financiera de 2008 y no consiguió estabilizar su situación hasta casi una década después. En 2020, Elena tenía quince años, iba al instituto y ya empezaba a pensar qué carrera elegiría, cuando, de repente, llegó la pandemia. Meses de confinamiento, vuelta a las aulas con restricciones y una pérdida de relaciones personales tanto con sus compañeros como con sus amigas. Cuando la pandemia se dio por superada, Elena estaba preparando la prueba de acceso a la universidad y una mañana de febrero, al levantarse, escuchó que Putin había invadido Ucrania y se desataba una guerra en Europa. A ella le habían dicho siempre que la coincidencia de las palabras *guerra* y *Europa* en una misma frase ya nunca se volvería a dar. Luego llegaría un genocidio en Gaza y todo lo demás. Mientras tanto, Elena ve cómo los chicos —y algunas chicas— de su clase reaccionan con fuerza ante los avances del feminismo y percibe, además, la desorientación que sienten sus compañeros varones ante un nuevo rol del que no tienen referentes. Muchos de ellos reaccionan de forma airada y en ocasiones violenta. Estos son los grandes acontecimientos que los *centennials* han vivido hasta la fecha. ¿Qué ha hecho la democracia por ellos? O, mejor dicho, ¿qué sienten ellos que les ha ofrecido la democracia?

Si en algún grupo el desencanto y el miedo o pesimismo ante el futuro cobran especial dramatismo, es, sin duda, entre los jóvenes. Concretamente, entre los que llamamos generación Z, o *centennials*, los nacidos entre 1995 y 2012, muchos de los cuales ya tienen derecho a voto.

En términos generales están insatisfechos con su vida, apenas confían en los gobiernos y tienen la percepción de que el sistema está corrompido y no les incluye. Son conscientes de que ellos han hecho lo que se les pedía: se han formado, han competido por entrar en la carrera o universidad que soñaban o han aprendido un oficio. Sin embargo, creen que nada de esto les garantiza un nivel de vida como el que han tenido en casa de sus padres. En el estudio dirigido por Antoni Gutiérrez-Rubí en 2025, *Polarización, soledad y algoritmos*, hay datos que ayudan a entenderlos. Gutiérrez-Rubí hace una radiografía completa de las nuevas generaciones y aporta, incluso, citas de grupos de discusión mantenidos a lo largo de la investigación. Una chica de entre veinticuatro y veintinueve años y natural de Madrid lo expresaba así de claro: «Nuestros padres tenían un guion y, si lo seguían, tenían un futuro asegurado. Les dijeron: tienes que estudiar, hacer un máster y luego casarte, tener hijos. Vas a tenerlo asegurado, porque tienes unos estudios. Nosotros queremos eso mismo. Pero seguir los pasos ya no te garantiza nada».[1] ¿Se les ocurre una definición mejor para la palabra del siglo, *incertidumbre*?

En cierta medida, es como si aún estuviera vigente aquel lema del 15M en España, «no somos antisistema, el sistema es antinosotros». Aunque con matices en cada país, tanto los datos del Latinobarómetro como el CIS español y algunos estudios de Estados Unidos apuntan en la misma dirección.

Los problemas del acceso a la vivienda, el desempleo y el coste de la vida son tres escollos que les impiden confiar y mirar con optimismo el futuro. A esto hay que unir la creencia que tienen de que el cambio climático impactará notablemente en sus vidas, algo que diferentes investigaciones vienen reflejando desde hace varios años.[2] En España, más de la mitad de los jóvenes temen verse obligados a mudarse a otra ciudad por efecto del cambio climático. En Estados Unidos, en torno al 65 % de los menores de veinticinco años muestran este temor, y más de la mitad de ellos son votantes republicanos.[3] Asimismo, el 37,9 % de los que tienen entre dieciséis y veinticinco años dudan si tener hijos por el estado ambiental del planeta.

Todo esto conduce a una enorme desafección que lleva a relativizar incluso el valor de la democracia. Según el *Open Society Barometer* de 2023,[4] un 42 % de los jóvenes entre dieciocho y treinta y cinco años consideran que un gobierno militar es una buena forma de gestionar un país. Si analizamos el Latinobarómetro del mismo año,[5] veremos que un 40 % de los jóvenes menores de veinticinco años apoyan la democracia, que el 50 % de ellos prefieren regímenes autoritarios o no se decantan por ningún tipo de gobierno, y que el 10 % ni siquiera responden. En España, según el estudio realizado por el CIS en 2023,[6] el apoyo a la democracia se ha reducido entre los menores de treinta y cuatro años, mientras que sube el porcentaje de quienes piensan que a veces es «preferible» un gobierno autoritario.

A la mezcla de precariedad laboral, ausencia de esperanza en el futuro y desconfianza en el sistema se une, en el caso de los jóvenes varones, lo que el sociólogo norteamericano Michael Kimmel llama «derecho agraviado»; es decir, la sensación de que los avances feministas o el reconocimiento de los derechos LGTBI+ les han desplazado injustamente. Lo expresan sin pudor cuando se les pregunta en el marco de una investigación: «Hombres blancos perfectamente válidos están siendo reemplazados por chicos afeminados, lesbianas de pelo azul e imbéciles no binarios».[7]

El sistema político es algo ajeno a ellos. No se sienten interpelados ni entienden en muchos casos qué valor diferencial aporta la democracia. El presentismo de nuestros tiempos les tiene parados en el hoy y no ven posible que puedan llegar a construir un futuro y a desarrollarse. Se preguntan de qué sirve la democracia si no les permite prosperar. Son generaciones que nacieron en los años en que los gobiernos sustentados en principios democráticos —de diferente intensidad, pero democráticos a fin de cuentas— se extendieron por el mundo y la gran mayoría de ellas no ha vivido bajo regímenes autoritarios. Tampoco las generaciones anteriores hemos sabido transmitir qué son los valores democráticos y por qué merecen la pena.

Chicos, en una sociedad feminista viviréis mejor

Todos los estudios lo indican: desde 2018, ellas se han ido a la izquierda y ellos a la derecha, asumiendo en muchos casos las tesis de la ultraderecha. Gutiérrez-Rubí recopila algunas cifras que sirven como muestra.[8] En Estados Unidos se ha abierto una brecha de treinta puntos entre chicos y chicas. Ellas son más liberales, ellos más conservadores. Parecida distancia se observa en Reino Unido, en este caso de unos veinticinco puntos. El patrón se repite en otros países: el 66 % de los votantes de Vox en las elecciones generales de 2023 fueron varones y, en Argentina, Milei tuvo doce puntos más de apoyo entre los hombres que entre las mujeres en la primera vuelta de las presidenciales. Si atendemos al CIS español, veremos que la distancia entre chicos y chicas en autoubicación ideológica es la mayor desde que se tienen datos, o sea, desde 1984. Existen abundantes pruebas empíricas al respecto,[9] y todo apunta en la misma dirección.

Los motivos pueden ser variados, y las diferencias de género en las inclinaciones políticas afectan a la opinión sobre diversos temas (crisis climática, migración, seguridad...), pero el auténtico parteaguas está en el avance del feminismo, un tsunami social y cultural que ha acabado provocando una ruptura entre ellos y ellas. Según una encuesta de IPSOS efectuada en 2024,[10] el 34 % de los chicos entre dieciocho y veinticuatro años se declaran feministas. Entre las chicas, el apoyo al feminismo llega hasta el 52 %, dieciocho puntos más.

El último estudio de INJUVE en España ratifica esta desigualdad, aunque muestra también un retroceso generalizado en la adhesión al feminismo por parte tanto de ellas como de ellos.[11] En 2019, el 80,9 % de las jóvenes se identificaban como feministas, pero, en 2023, el porcentaje baja al 67,6 %. Podría pensarse que la bandera del «feminismo» va asociada a unos partidos concretos que tal vez generen rechazo, pero otros datos ahondan en la misma dirección. El 84,6 % de las mujeres jóvenes defendían la igualdad de género en 2019, mientras que en 2023 la cifra desciende al 76,14 %. A pesar de ello, más de dos tercios de las mujeres continúan vinculándose hoy al feminismo y a la igualdad de género. En cambio, en el caso de los hombres, el retroceso es más marcado: su identificación con los temas de igualdad ha caído por debajo del 50 %. El apoyo al feminismo ha pasado del 54 % en 2019 al 40,96 % en 2023, y a la igualdad de género, del 69,6 al 49,48 %.

Esta brecha se manifiesta de múltiples formas. Entre otras, en la mayor dificultad de los varones para establecer relaciones sentimentales con mujeres. Muchas de ellas no conciben ya relacionarse con alguien que perpetúe valores y comportamientos propios del patriarcado; muchos de ellos no saben exactamente cómo actuar y carecen de referentes en los que fijarse. Todo esto es especialmente relevante en una generación que ha hecho de la identidad sexual uno de los temas clave de confrontación con el mundo adulto. El cuestionamiento del binarismo y los roles de género y la apertura a múltiples identidades sexuales son banderas que comparten como generación, con la correspondiente dosis de reacción contraria incluida.

La brecha de género está incorporando también otra brecha esencial, la educativa. En España, según datos del INE, el 58 % de las mujeres entre veinticinco y treinta y cuatro años tenía un título superior en 2023, frente al 46 % de los hombres; una brecha de doce puntos que, al parecer, va en aumento. En el año 2000 esa diferencia era menos de la mitad.

En buena parte del mundo, el porcentaje de mujeres con título universitario ha experimentado un ascenso, mientras que desciende el de varones titulados. En países como Canadá, Irlanda, Suiza, Reino Unido o las naciones escandinavas, las mujeres que terminan los estudios universitarios son ya más que los hombres. En treinta y cinco países europeos de los que se dispone de datos,[12] las mujeres de entre veinticinco y treinta y cuatro años presentaron tasas más altas de estudios superiores que los hombres. En 2022, por término medio, la proporción de mujeres con estudios superiores era del 47,6 %, mientras que en el caso de los hombres era del 36,5 %. Esto lleva aparejada una mayor dificultad de ellos para entrar en el mundo laboral y, cuando lo hacen, muchas veces es en empleos manuales de baja remuneración y condiciones precarias.

Si unimos todo lo anterior, descubriremos que los varones jóvenes son hoy un blanco perfecto para la ultraderecha, que no duda en fijar su atención en estos chicos para gritarles, alto y fuerte, que las culpables son ellas. ¿La solución? La vuelta, dicen, a la familia tradicional. El fenómeno de las *tradwives*, esas mujeres que en redes sociales comparten vídeos sobre cuidados del hogar o del entorno familiar con objeto de defender el regreso a la familia tradicional y el rechazo al feminismo, es una muestra de ello.

A veces se olvida, no obstante, que la juventud actual es la que muestra una mayor conciencia y compromiso con valores como el feminismo. Quizá por eso el retroceso que está viviendo en los últimos años sea más llamativo, pero no podemos olvidarnos de dos cosas. En primer lugar, que, como se ha señalado anteriormente, a todo gran avance social le sigue una especie de acto reflejo de retroceso. Y, por otro lado, que cuando algo se convierte en lo establecido, en *mainstream*, en lo políticamente correcto, pasa a ser cuestionado por las siguientes generaciones. Al decir esto no pretendo quitar un ápice de importancia ni de preocupación a lo que estos jóvenes expresan, pero sí que quisiera ponerlo en su justa medida para no errar en el análisis.

Las diferencias cada vez más acusadas que aquí se han apuntado están alumbrando un clima de rechazo a las ideas feministas por parte de los ciudadanos varones. Al ocupar los puestos más bajos en calificaciones académicas o en nivel de estudios terminados, muchos culpan a las mujeres de un excesivo avance y encuentran en las políticas feministas la causa de muchos de sus males. Aún no han entendido, ni probablemente se les haya sabido hacer ver, que en una sociedad feminista, en una sociedad más igualitaria, tanto ellas como ellos viven mejor. Que el feminismo no es un juego de suma cero, donde lo que una gana es porque otro lo pierde, sino que una sociedad más igualitaria es, por definición, una sociedad donde el bienestar crece y se reparte entre el conjunto de la población. Por otro lado, en el mundo de los varones jóvenes aún no han aparecido referentes de nuevas masculinidades bien encajados en el paradigma feminista que cada vez de forma más clara están construyendo ellas. Esperemos que no tarden en llegar.

No es objeto de este trabajo analizar cómo están viviendo los jóvenes todos estos cambios, pero los datos aportados dicen mucho de un cambio en marcha, de una distancia cada vez mayor entre ellos y ellas, así como de las dificultades que esto les plantea a la hora de relacionarse.

Una pregunta incómoda: ¿qué vais a hacer?

El mantra de que las siguientes generaciones vivirán peor se ha instalado con fuerza en nuestra sociedad. Lo ha hecho omitiendo una pregunta, desde mi punto de vista, absolutamente clave: chicas, chicos, ¿qué vais a hacer?

Si lo que nos preguntamos es si nuestros hijos, que hoy tienen veinte años, viven mejor o peor que cuando nosotros teníamos la misma edad, la respuesta es clara: viven mucho mejor. Si hablamos de derechos individuales y sociales, no hay color: la siguiente generación está ya viviendo mejor que los que ahora rondamos el medio siglo cuando teníamos su edad. Si hablamos de condiciones materiales, también. Revisen fotografías. ¿Tenemos ahora peor modo de vida, espacios públicos más degradados, servicios públicos más precarios que hace tres décadas? En absoluto, aunque haya excepciones.

Sin embargo, la percepción de los jóvenes, y cada vez más la de un sector mayor de la sociedad, es la contraria. Se alude con frecuencia a la vivienda, y es cierto. Pero el drama que supone el alojamiento en buena parte de Europa ¿es solo un problema para los jóvenes? ¿Qué posibilidades tiene de acceder a una vivienda digna una mujer de cincuenta años con un salario medio que se divorcia y tiene a su cargo dos menores? El drama de la vivienda lo es para todos, en especial para los colectivos sociales más vulnerables, y en esa ecuación los jóvenes de familias de rentas bajas o medias, en efecto, son víctimas. Mucho menos los de rentas altas, y casi nada los de rentas muy altas. La diferencia respecto a tiempos anteriores es que ahora también las clases medias, y sus jóvenes, están en el grupo de los que afrontan dificultades. Pero esto tiene que ver con los bajos salarios, la desigualdad y la falta de políticas de vivienda adecuadas. No es, por tanto, un problema exclusivo de los jóvenes, aunque a muchos les impacte de forma importante por lo que supone de imposibilidad para poner en marcha un proyecto de vida.

En el fondo, cuando esos jóvenes nos dicen que ven truncado el futuro, es posible que no se trate tanto de cómo viven hoy, sino de las expectativas que tienen de cómo afrontarán el inmediato porvenir, de sueldos bajos y estancados, de falta de perspectiva de progreso, frente a lo que les hemos contado que fue nuestro devenir, esa línea recta de progreso ascendente, al menos en Europa. Por eso es importante que este debate lo abordemos con rigor.

Conviene recordar que muchas de las condiciones ciertamente positivas de las que hoy todavía disfrutan esos jóvenes son en gran medida la consecuencia de conquistas políticas y sociales previas, que se dieron por definitivas. Pero ahora sabemos que ningún derecho se obtiene por arte de magia, sino mediante procesos, a menudo muy duros, de movilización social. De igual manera, tales derechos deben ser defendidos de manera constante, o de lo contrario decaerán. Las últimas generaciones no han sido educadas en esos principios; han creído que el catálogo de servicios públicos, las condiciones laborales o la posibilidad de vivir en un Estado del bienestar de calidad creciente estaban garantizados de por vida y que su sostenimiento no exigiría mayor esfuerzo. Ha faltado estudiar más historia y hacer un esfuerzo de pedagogía e inteligencia colectiva para aclarar que esto no funciona así. Nunca lo ha hecho.

Si lo que nos inquieta no es cómo viven ahora nuestros hijos e hijas, sino cómo vivirán cuando alcancen los cincuenta que tenemos nosotros ahora, entonces se nos presenta en el horizonte una cuestión subjetiva, imposible de racionalizar con dato alguno, que es la percepción del futuro construida desde el presente. Hay datos objetivos que apuntan en una dirección no muy luminosa, pero se olvida la que es, desde mi punto de vista, la pregunta clave: ¿qué vais a hacer vosotros?

Asumiendo quizá que la acción colectiva y la movilización forman parte del pasado, se da por hecho que la realidad es inmutable, inevitable, y no se interpela a estos jóvenes para que reivindiquen su lugar en la sociedad, expongan sus problemas en la esfera pública y hagan propuestas transformadoras y, por supuesto, ejerzan su derecho al voto, asegurándose así la atención de los partidos políticos. Existen organizaciones de jóvenes que trabajan para elaborar propuestas acerca de los temas que más les preocupan: la vivienda en primer lugar —al menos, en buena parte de Europa—, pero también el empleo y la sostenibilidad, que son igualmente objeto de atención e interés para quienes integran estas formaciones sociales y políticas. Salvo en lo que respecta al feminismo, que sigue movilizando y activando a los y las más jóvenes, el resto de los problemas actuales no consiguen interpelarlos ni llevarlos a plantear alternativas políticas. Se dirá que en buena medida esta ha sido siempre la regla salvo en momentos históricos puntuales, y es cierto, pero la pesadumbre y el pesimismo que experimentan estas generaciones no están provocando una respuesta de acción colectiva, sino de máximo individualismo y *carpe diem*. Si el futuro no existe...

En lugar de provocar una reacción interpelando al poder y planteando alternativas, surgen discursos que apelan a un conflicto intergeneracional que no solo no arregla los problemas, sino que puede agravarlos. Cuando se habla de distribución de la riqueza, por ejemplo, se achaca la falta de políticas adecuadas para los jóvenes al supuesto trato privilegiado concedido a quienes cobran una pensión. La perversión del debate es total, dado que, si bien es cierto que la desigualdad generacional tiende hoy en día a agudizarse, la precariedad laboral, las violencias machistas, la crisis climática y la emergencia habitacional no se van a arreglar rebajando las pensiones. Será necesario reformar elementos estructurales del mercado de trabajo y las políticas salariales concediendo una atención especial a los más jóvenes, pero sin parar mientes en un interesado conflicto intergeneracional que nada aporta a la hora de restablecer la esperanza entre quienes tienen todo el futuro por construir. Más bien, al encontrar un chivo expiatorio fácil, se les empuja al lugar de la víctima en vez de situarles cara a cara con los retos que les ha tocado vivir.

En resumen

En un contexto de complejidad e incertidumbre como el descrito, la quiebra de la confianza y la desvinculación de las ideas de progreso y futuro han dejado a multitud de personas aturdidas y temerosas. Retos como la crisis climática, la revolución digital o los movimientos de personas se antojan imposibles de gestionar como palancas de cambio y construcción de sociedades más igualitarias, justas y libres; aparecen, inevitablemente, como elementos generadores de mayor desigualdad, que abren la puerta a nuevas brechas o profundizan las ya existentes.

Los movimientos de ultraderecha han visto una oportunidad para crecer en esas grietas que se han ido abriendo con cada temor. Frente a las incertidumbres y el desamparo, proponen la vuelta a un pasado idealizado que nunca existió. Un espacio en el que quien hoy se siente inseguro puede reconfortarse con la seguridad que da el conocimiento de lo ya vivido.

Para un número creciente de personas, y especialmente entre los jóvenes, la democracia no solo ha dejado de ser un bien que defender; muchos consideran, además, que es incapaz de dar respuesta a los desafíos del momento.

Sin una idea de futuro ligada a la deseabilidad, cuando se mira hacia delante muy a menudo se ve un escenario apocalíptico al que no se quiere llegar. Sin embargo, sabemos, porque la historia así lo muestra, que la democracia necesita dosis de esperanza y de futuro. ¿Cómo salimos de esta?

Tercera parte

A POR EL FUTURO

CAPÍTULO 7
Volver al principio

> ¿Qué legaron la confianza, la tributación progresiva y el Estado intervencionista a las sociedades occidentales en las décadas que siguieron a 1945? La sucinta respuesta es seguridad, prosperidad, servicios sociales y mayor igualdad en diversos grados.
>
> TONY JUDT, *Algo va mal*, 2010

Los malestares que hemos ido recorriendo en las páginas previas provocan en muchas personas un cuestionamiento de las sociedades y los sistemas políticos actuales, incluidos los basados en principios democráticos. Para gestionarlos puede resultar útil volver a lo básico, repensar lo esencial para actualizarlo, matizarlo, enmendarlo o romperlo por completo. Objetivo: hacer de los malestares y el descontento un factor de cambio para construir los futuros que deseemos.

Recuperar la utilidad de la política y de la democracia

Imaginemos un día sin política: sin acuerdos en los ayuntamientos para abrir las guarderías municipales ni decidir quién tiene prioridad para conseguir una plaza; sin leyes en los Estados que regulen cómo funciona el sistema eléctrico y qué hacer ante la pobreza energética, o sin convenios internacionales sobre pesca, por ejemplo. La política sigue siendo necesaria y, aunque no se perciba como tal, útil. Quizá no todo lo eficaz que debiera, pero sigue haciendo posible que muchas cosas funcionen. Sin embargo, no se percibe así. Más bien al contrario.

La política, y más la política democrática, ha de ser útil. Útil en lo macro, gestionando los grandes temas globales, y útil también en lo micro, dando respuesta a los desafíos que se presentan en el día a día de los ciudadanos. Alfredo Pérez Rubalcaba, quien fuera ministro de Interior cuando estalló el 15M, lo contaba así unos años después de aquella movilización, cuando estaba ya fuera de la política, en una entrevista sobre lo que supuso el movimiento indignado:

> La gente pide a los políticos que arreglen los problemas y cuando no los arreglan la gente sencillamente rechaza a esos políticos. Los problemas eran esencialmente la crisis, la pérdida de perspectivas, la pérdida de empleo, de repente pasar de un mundo razonablemente feliz a uno lleno de incógnitas, y quien gestionaba eso recibía inmediatamente la crítica porque no sabía gestionarlo. Este razonamiento se puede elevar un paso más. A la democracia se le pide que arregle los problemas de la gente y, más allá de los valores morales que supone la democracia, la gente quiere que la democracia sea eficaz. Ya no estamos en los tiempos en que había dos modelos y teníamos que elegir, y se elegía el menos malo como de-

> cía Churchill. Ahora la democracia está sola frente a su propia gestión cotidiana y, si la democracia no arregla mis problemas, yo miro hacia ella y digo: aquí hay algo que no funciona.[1]

Ahora, en cierta medida, vuelve a haber dos modelos, y cada vez mayor proporción de personas, especialmente entre los jóvenes, que consideran que las democracias no siempre son preferibles, sobre todo si no garantizan mayor bienestar. De ahí la necesidad de mostrar que, contra lo que podría intuirse, las democracias siguen siendo más eficaces que los sistemas autoritarios a la hora de abordar los grandes desafíos. ¿Quién consiguió acabar antes con la pandemia de la covid-19, las democracias occidentales con todos sus problemas o la China autoritaria que todo lo iba a poder a fuerza de sanciones y videovigilancia? ¿Qué sociedades son más desiguales, las que gozan de sistemas democráticos o las que se gobiernan con autoritarismo? Esto no significa que las democracias no tengan obstáculos internos para abordar las dificultades —se han señalado profusamente—; lo que sucede es que siguen siendo más eficaces a la hora de producir bienestar. Ahora bien, si esto no es percibido así por los ciudadanos, entonces opera el famoso teorema de Thomas, según el cual, si las personas definen una situación como real, esta realidad tendrá consecuencias en su comportamiento, independientemente de que sea real o no. Si la sociedad no percibe las bondades de los sistemas democráticos, estos dejarán de ser valorados y defendidos. Y contra lo que se pensó al término del siglo XX, no hemos llegado al fin de la historia, sino que hoy existen propuestas políticas que se presentan como alternativas.

Así las cosas, urge preguntarse: ¿dónde y cuándo se produjo esta desconexión respecto a la democracia?, ¿cómo se dejó de percibir la utilidad de la política? O, como diría Vargas Llosa,

¿cuándo se jodió el Perú? Sería ingenuo pensar en una sola causa. Como es habitual, habrá que mirar a muchos sitios a la vez para encontrar la respuesta.

En primer lugar, a una ciudadanía que, además de desconfiar, como se ha mostrado anteriormente, da por descontado y amortizado lo que ya tiene, como si estuviera aquí por designio divino, y vive en la ficción de no necesitar de nada ni de nadie. Háganse una pregunta: ¿de cuántas personas han necesitado hoy, un día cualquiera, para sus actividades cotidianas? Cuando planteo esta pregunta a estudiantes de primero y segundo de Ciencias Políticas, suelen responder que «de ninguna», hasta que caen en la cuenta de la larga cadena de trabajo que hay detrás del agua caliente que sale de la ducha, de la electricidad que ha permitido poner a funcionar la cafetera o del propio café que guardamos en el armario de la cocina. Toda una cadena de labores que operan sobre una infraestructura de acuerdos políticos invisibilizados a los ojos de la ciudadanía.

Tampoco quienes han tejido esos acuerdos y construido esa infraestructura son especialmente hábiles a la hora de ponerlos en valor. Solo cuando la invasión de Ucrania amenaza con restringir el gas barato ruso, ese sobre el que se ha generado buena parte del bienestar europeo, somos conscientes del complejo entramado de acuerdos políticos y comerciales, así como de infraestructuras públicas y privadas, que son necesarios para obtener un café. Y entonces ya es demasiado tarde.

Por otro lado, el devenir de las sociedades, los avances tecnológicos y los cambios sociales generan nuevas demandas en la ciudadanía que la política no siempre es capaz de atender, al menos con la celeridad a la que obligan los tiempos. Por ejemplo, necesitamos de forma urgente garantizar que internet llegue con calidad suficiente a todos los rincones, disponer de cargadores para los coches eléctricos, cubrir la creciente demanda de especialistas en salud mental o contar con políticas de apoyo a mujeres víctimas de violencia machista o de construcción de viviendas asequibles. Necesidades que hace apenas una década no existían, porque no había nada que las motivara o porque, como en el caso de la salud mental, la violencia machista o el problema de la vivienda, no se les prestaba la atención que merecen. Continuamente salen a la luz nuevas necesidades, nuevas demandas, a las que la política debe dar respuesta. La falta de confianza de la ciudadanía en las instituciones y en el sistema tiene mucho que ver con la percepción de escasa utilidad de la política para resolver sus problemas.

Finalmente, si como se señalaba anteriormente la democracia necesita ciertas dosis de esperanza y de futuro, hoy la aniquilación de ambos provoca un descontento manifiesto que se proyecta sobre el sistema como un todo; existe una insatisfacción permanente, una sensación de que la vida no avanza, los salarios se estancan, la vivienda es un bien preciado de cada vez más difícil acceso, los servicios públicos se degradan o no avanzan... Recuperar la confianza en la política y la democracia como entidades útiles pasa también por recuperar una cierta dosis de esperanza en la posibilidad de un futuro mejor, y reconocer al mismo tiempo que, aun cuando sea de forma asimétrica, según la responsabilidad y posibilidades de cada cual, está en nuestra mano construirlo.

Decidir lo que queremos tener en común

Existen tres tipos de bienes: los privados, que administra el mercado; los públicos, que suelen gestionar las administraciones públicas, y, por último, los comunes, que de un tiempo a esta parte han vuelto a ponerse sobre la palestra.

Qué bien pertenece a cada uno de estos apartados es un terreno en disputa, un debate permanente, por varios motivos. En primer lugar, porque, desde el punto de vista ideológico, la izquierda tiende a incluir más «bienes» como servicios públicos, mientras que la derecha cuestiona esta clasificación. Por otro lado, el debate no cesa porque aparecen nuevos derechos, o nuevas necesidades, que obligan a pensar cómo se satisfacen; por ejemplo, todo lo referente a los derechos relativos al medio ambiente o a los derechos digitales. Finalmente, la sociedad cambia también su catálogo de necesidades y su manera de afrontarlas. Ahí está el debate sobre el fomento de la natalidad, en el cual se plantea que el Estado debe proporcionar una renta, una prestación económica, a las mujeres que desean tener hijos. Al contrario de lo que muchas veces se aduce en la discusión, desde mi punto de vista, la clave no es tanto si esta subvención debe ir dirigida a todas las mujeres o solo a las que tienen ciertos ingresos —para eso están después los sistemas de impuestos sobre la renta, para ajustar cuentas con Hacienda—, sino si queremos que la natalidad sea algo que corra a cargo de todos, algo común, o, por el contrario, lo dejamos a las posibilidades que cada cual tenga. Si llevamos este debate más allá, no tardaremos en toparnos con la vieja propuesta de la renta básica, que busca proporcionar unos ciertos ingresos a todos los ciudadanos y ciudadanas a partir de cierta edad y de una forma no condicionada.[2] Una propuesta a la que, a mi juicio, no se le ha prestado toda la atención que merece.

Lo anterior hace referencia al debate sobre bienes públicos y privados, pero en los últimos años se ha abierto paso con fuerza la idea de bienes comunes. Con esta denominación se hace referencia a bienes de acceso universal cuyo uso se mantiene en el tiempo. En efecto, hablamos del agua, el aire, los bosques... ¿En cualquier circunstancia? Siempre que no se privaticen y que su gestión mire al largo plazo, con criterios de sostenibilidad.

El repertorio de bienes comunes puede ampliarse y abarcar más elementos de los ya conocidos. En la literatura especializada se distingue entre bienes públicos, gestionados por una administración pública, y bienes comunes, gestionados por la comunidad. Un centro de actividades juveniles puede ser gestionado por un ayuntamiento o por un grupo de jóvenes; unos montes pueden estar al cargo de la administración competente o de los ganaderos y vecinos de la zona; una plataforma digital puede ser administrada por una empresa tecnológica o por una comunidad de interesados en el tema que aquella aborde; ahí está Wikipedia como ejemplo paradigmático.

El debate sobre los bienes comunes comenzó a desarrollarse recogiendo las ideas de Elinor Ostrom,[3] quien refutó la concepción articulada por Hardin en «La tragedia de los comunes», según la cual los recursos compartidos tienden a ser sobreexplotados y acaban viéndose perjudicados porque los individuos actúan en su propio interés.[4] Su nueva forma de entender los bienes comunes le valió el Premio Nobel a Ostrom, que sentó así las bases de un nuevo paradigma que apela al sentido de lo común.

La privatización de bienes comunes está en el origen del capitalismo: cercamiento de tierras comunales, enajenación de recursos naturales, control del conocimiento por parte de las élites... Con la llegada del Estado, y en especial del Estado social o el Estado del bienestar, surgieron los servicios públicos gestionados por las administraciones públicas con criterios, generalmente, de universalidad.

El neoliberalismo asestó un duro golpe a los servicios públicos no solo porque redujo el presupuesto relativo a ellos y, por tanto, su capacidad de gestión, sino porque puso en cuestión su naturaleza. Propuestas como los «cheques educativos» planteaban que aquellas familias que decidieran llevar a sus hijos a una escuela privada deberían recibir del Estado un «cheque» en devolución de los impuestos pagados por servicios que no utilizaban. Esto suponía un ataque en la línea de flotación del propio concepto de servicio público universal. Por otro lado, iniciaba un camino sin fin: ¿debe recibir la misma devolución quien carece de vehículo propio y, por tanto, no se sirve de las carreteras; quien tiene menos hijos y, en consecuencia, va a hacer, presumiblemente, menos uso de la educación y la sanidad pública; o quien jamás ha necesitado de servicios sociales de su ayuntamiento y no tiene a ningún dependiente a su cargo? Es más, siguiendo este razonamiento, ¿no podrían también los herederos de un trabajador que fallece antes de jubilarse pedir el reintegro de lo que ha cotizado durante toda su vida laboral en concepto de pensión, habida cuenta de que ya nunca va a cobrarla? Es obvio que estas ideas rozan el absurdo, pero el neoliberalismo de finales del siglo XX y principios del XXI apuntaba en esta dirección.

Hay, no obstante, un aspecto positivo en todo esto, y es que nos ayuda a pensar qué es lo que queremos tener en común y cuál es la mejor manera de gestionarlo. Por regla general, nadie duda de que, para aquellos bienes que no son esenciales, el mercado es un dispositivo eficaz de gestión. Pero no ocurre lo mismo con los bienes asociados a derechos: el agua, el aire limpio, el medio ambiente, la información, la educación y el conocimiento; pero también la vivienda, la movilidad (que no el automóvil privado) o el acceso al entorno digital. Para todos estos se necesita algo más que el mercado: se necesitan dispositivos cuyo objetivo sea la universalidad, la equidad y el bien común. ¿Dónde están los límites de lo público? He aquí un debate que no se debe soslayar.

Primero será preciso determinar qué es lo que queremos poner —y financiar— en común y qué elementos se pueden confiar al mercado. Una forma alternativa de abordar uno de los asuntos que suelen usarse de forma más tergiversada y maniquea, la fiscalidad. El rechazo a los impuestos tiene una parte ideológica muy importante, pero también alberga, en estos momentos, el simbolismo del rechazo a todo lo que suene a Estado y a lo público, incluso en países donde tradicionalmente ha sido algo plenamente aceptado. El neoliberalismo primero y la ultraderecha en los últimos años han hecho de esto una bandera.

Una vez establecido el perímetro de lo que queremos tener en común, será el momento de decidir si es mejor gestionarlo desde las administraciones públicas o desde la comunidad, sin renunciar a una suerte de complementariedad entre lo que gestiona el mercado, lo que administra el Estado y lo que hace suyo la comunidad. Existen múltiples experiencias de gestión comunitaria que, además de ser un ejemplo de eficacia y buena gestión, ayudan a construir capital social, a valorar lo común y a corresponsabilizarse. No es este un asunto menor.

¡Claro que hay alternativas!

La exploración de alternativas, la búsqueda de caminos diferentes por los que transitar para alcanzar un fin, forma parte de lo más esencial de la política. Es justo lo contrario al ya citado TINA —«*There is no alternative*»— de Thatcher y Reagan, la negación precisamente de estas alternativas, que llegó de la mano de un supuesto fin de la historia del que después su propio autor renegó.[5] En efecto, ni la historia se acabó en 1992 cuando Fukuyama publicó *El fin de la historia y el último hombre*, tras la caída del

Muro de Berlín y el desmoronamiento del bloque soviético, ni las alternativas han dejado jamás de existir. Se trataba simplemente de un espejismo, quizá una excusa para dejar de explorar otras posibilidades. En cierta manera, la negación de la existencia de alternativas es la propia negación de la política. Recuperar la política pasa también por señalar que existen otras opciones, que siempre habrá caminos inexplorados si se piensa con la dosis de imaginación e innovación suficiente.

He aquí un ejemplo presente en nuestra memoria: el neoliberalismo nos hizo creer que no había más camino que la austeridad. Primero en Chile, luego en otros países de América Latina y más tarde en Europa, en la crisis financiera de 2008. El tiempo se ha encargado de demostrar su error. En América Latina los regímenes y las estrategias políticas se han ido basando en opciones de mayor o menor intervención del Estado, mejor o peor calidad democrática, políticas más o menos expansivas, pero todas ellas se han ido sucediendo desde entonces. En Europa, la respuesta dada a la pandemia, con fuertes inversiones de dinero público y la mutualización de la deuda, no dejó lugar a dudas. Había, y hay, otras formas de gestionar las crisis.

Asunto diferente es que nos empeñemos en buscar La Solución Definitiva, así, en mayúsculas. Craso error. Es muy probable que no exista. Los problemas a los que nos enfrentamos en la actualidad —como se ha mencionado en alusión a la crisis climática— son lo que denominamos «problemas retorcidos». Se caracterizan, entre otras cosas, porque unos están unidos a otros, no existe una única vía para abordarlos y jamás se resuelven de forma definitiva.

Podemos pensar que la crisis ambiental se resuelve sustituyendo fuentes de energía fósil por otras de energía renovable, pero cuando desplegamos este tipo de instalaciones surgen conflictos en territorios cuyas comunidades se consideran agredidas y sacrificadas por el uso de su espacio para la generación de energía, o estallan las contradicciones por tener que abrir o explotar minas provistas de los materiales necesarios para producir estas nuevas tecnologías. Creímos en algún momento que la digitalización pasaba por instalar pizarras digitales en las aulas de los más jóvenes. Hoy sabemos que muchos docentes no saben manejarlas, que cuando se utilizan muchas veces se hace como un antiguo proyector, y que ha creado vicios en los estudiantes hasta el punto de que los pedagogos aconsejan volver al papel y a la pizarra clásica. En efecto, hemos intentado resolver un problema y hemos creado otro. No pasa nada; es preciso ir paso a paso, pero siempre conscientes de que hay muchos caminos por explorar.

Los ejemplos de la existencia de alternativas no son difíciles de encontrar: cuando se pensaba que el modelo energético sería imposible de cambiar, surgieron las renovables y se desarrollaron tecnologías de energía distribuida con una enorme capacidad de cambiar el sistema por completo; mientras se mantenía que las finanzas son un instrumento al servicio del capital especulativo, salían a la palestra estrategias basadas en la inversión de impacto social y las inversiones responsables; cuando las grandes empresas parecían estar diseñadas para acumular ganancias al margen de los desafíos del momento, comenzaron a aparecer corrientes de responsabilidad social, ESG (siglas de *Environmental, Social and Governance*) e iniciativas como B Corp, empresas que se comprometen en sus estatutos a solucionar problemas sociales e incorporar criterios de responsabilidad en su gestión, poniendo así de manifiesto que es posible desarrollar negocios y ganar dinero manteniendo unos principios éticos tanto en la organización y actividad internas de las empresas como en el impacto que estas tienen en sus sociedades. La lista es extensa y remite a aquel lema que quiso convertir la indignación en una propuesta de cambio: «¡Sí se puede!, ¡claro que se puede!». Que quienes quisieron llevarlo a efecto y lideraron momentos de ilusión y energías renovadas hayan acabado decepcionando no es nada nuevo en la historia: es un ejemplo más de que las transiciones nunca se producen en línea recta, y de que quienes transforman la realidad luego es muy difícil que puedan gestionarla. Pero eso no impide reconocer que hubiera y haya hoy en día alternativas.

Por lo tanto, buscar esas opciones que den respuesta al malestar ciudadano no ha de pasar inexorablemente por la creación de un relato omnicomprensivo que suponga una impugnación absoluta a lo que hay y la creación de un «todo» alternativo. Sería tanto como tirar el agua sucia con el niño dentro. Esas alternativas pueden descubrirse analizando los fundamentos en los que queremos que se asiente nuestra convivencia —¿qué otra cosa es la política?—, seleccionando aquellos aspectos que deseamos mantener, aquellos otros que, manteniéndolos, han de ser actualizados, modificados o reforzados de alguna manera, y finalmente acordando qué es lo que ya no nos vale y, definitivamente, hemos de modificar por completo.

Esto no significa que se deba renunciar a un cambio radical; más bien al contrario. Es fundamental ir a las raíces —que es lo que significa *radical*— y justamente desde ahí valorar lo que merece la pena mantener y lo que no, cambiando el paradigma siempre que sea necesario.

Aunque no puede negarse que la tríada de principios revolucionarios de «libertad, igualdad y fraternidad» puede seguir guiando la convivencia, es necesario repensar algunas de sus concepciones para ponerlas al servicio del bien común. La libertad no puede ser la inexistencia de límites ni la libertad neoliberal de los mercados, sino la libertad de las personas, por lo que es necesario preguntarse cuáles son las condiciones que la hacen posible. La igualdad, para ser tal, necesita ir acompañada de diversidad, concepto en clara oposición a la idea de igualdad homogeneizadora. La fraternidad, la gran olvidada, no puede ser entendida en el estrecho marco de los Estados nación, sino que precisa abrirse a un entorno global, haciendo así efectiva la apuesta universal por los derechos humanos. Por otra parte, en el capítulo de paradigmas que han de cambiarse, el económico ocupa el primer lugar: mientras el modelo económico no se ubique dentro del perímetro que supone la biosfera, no habrá economía que pueda ser sostenible ni coherente con los principios establecidos.

Hay muchos más conceptos que deben ser revisados, algunos especialmente incómodos para los demócratas y particularmente antipáticos para las izquierdas. Uno urge de forma especial por la trascendencia y el protagonismo que ha tomado en los últimos tiempos: la seguridad. Dejar la idea de seguridad en manos exclusivamente de los altos mandos militares no parece buena idea cuando buena parte de las amenazas que afrontamos proceden del cambio climático o los ciberataques. Tampoco la solución a los problemas de inseguridad pasa exclusivamente por los cuerpos de seguridad del Estado. ¿Es más segura una calle con más policía o con más pequeño comercio y, por tanto, gente yendo y viniendo, luces encendidas y una comunidad de complicidades que se protege a sí misma?

Hay otros conceptos que debemos repensar para que se adecúen a las necesidades del momento y sean útiles para gestionar los desafíos. Residenciar la noción de poder en aquellos que lo ejercen desde altas instancias militares, políticas y económicas es renunciar a entender cómo funciona y activarlo para construir el futuro que se quiere, de la misma manera que renunciar a pensar sobre el dinero como instrumento al servicio de la comunidad es dejar el campo expedito a los especuladores. Conceptos pendientes de resignificar en el mundo de hoy para que respondan a la realidad del momento.

Estos son solo unos ejemplos de resignificación conceptual —algunos de los cuales se abordarán más adelante— que muestran que, en efecto, hay alternativas y, lo que es más importante: que hay vías, caminos y sendas que recorrer para descubrirlas o crearlas.

Contra el prestigio del pesimismo

¿Por qué atraen más las palabras de quienes anuncian el fin del mundo que las de quienes esbozan salidas para los desafíos del momento? Lo más peligroso del pesimismo no es que esté sobrevalorado, que lo está. Lo más peligroso es que se ha asimilado a seriedad, profundidad, rigor o conocimiento; todos ellos atributos muy positivos que vienen a señalar que los buenos analistas, los que disponen de abundante información y conocimiento, son aquellos que se muestran más pesimistas. Solo ha faltado que hiciera fortuna aquella expresión que dice que «un pesimista es un optimista bien informado».

Ese pesimismo conduce a un fatalismo, muy propio de décadas anteriores, que dibuja un mundo apocalíptico. Si quienes se sitúan en esas posiciones están convencidos de ello, ¿por qué no se entregan a los placeres de una vida loca y dejan de trabajar, de cumplir sus obligaciones, de difundir sus ideas, de debatirlas con otros? Porque saben que en el fondo no es así.

Valga un ejemplo: los expertos que estudian el clima y el cambio global nos dicen que trabajan con escenarios para ir entendiendo y previendo el mundo en que viviremos; en realidad, en el que ya vivimos. Estos escenarios se establecen en función de distintas variables, muchas de las cuales tienen que ver con lo que hoy decidamos, hagamos o dejemos de hacer. El colapso es uno de ellos, efectivamente, y cada día más probable. Pero no es inevitable ni una maldición divina. Dependerá de nosotros y nosotras, de lo que hagamos y dejemos de hacer, y obviar que existe este margen de maniobra es una irresponsabilidad, o un planteamiento interesado destinado a utilizar la idea de un negro porvenir para justificar la imposición de un proyecto autoritario y arbitrario desde el poder.

Como recuerda Ricardo Rivera Ortega en una conferencia pronunciada en la UNAM: «Desde Zaratustra las civilizaciones no solo occidentales, sino también orientales, compartimos —y eso influyó en la cultura hebraica y después en el cristianismo— una comprensión apocalíptica del futuro que condiciona muchas de nuestras lecturas de lo que va a pasar».[6] Sin embargo, la mayoría de esas predicciones no se han cumplido. No ha llegado el desastre malthusiano —recuerden, Malthus pronosticaba que el crecimiento de la población llevaría a la catástrofe, aunque lo hacía con cifras muy inferiores a la población mundial de nuestros días—, ni la Guerra Fría ha terminado derivando en una Tercera Guerra Mundial. La tendencia al pesimismo cuando se contempla el futuro no es nueva, ni mucho menos. Ha ido cambiando en cada periodo histórico. Ahora es el telón de fondo de una parte de las sociedades del siglo XXI.

El pesimismo como forma de aproximarse a la realidad conduce a la parálisis, imposibilita la búsqueda de posibles alternativas o salidas a los problemas existentes e impide pensar en clave propositiva. Si las tesis pesimistas hubieran triunfado, hoy el mundo sería infinitamente peor que ayer. Hay quien, con Pinker,[7] recopila datos que muestran que vivimos en el mejor de los mundos que han sido posibles hasta el momento. Es una forma de verlo, siempre que no nos impida listar también los problemas arrastrados del pasado ni los desafíos, contradicciones y vergüenzas del presente. Pero la clave no creo que resida tanto en ver la botella medio llena o medio vacía, sino más bien en valorar si se está llenando o vaciando, y, sobre todo, en pensar en cómo llenarla.

La relevancia que hoy tiene ese pesimismo como actitud hace que se dé por hecho que la botella se va a vaciar y que no hay nada que hacer. Es algo que paraliza, que impide buscar salidas y alternativas. El pesimismo es determinista. Olvida que los humanos podemos gobernar y gobernarnos. Cae, en definitiva, en otra variante del TINA; para los pesimistas, tampoco hay otra alternativa que no sea el colapso.

En este sentido, lo contrario del pesimismo no es el optimismo, sino la voluntad de cambio y la conciencia de la capacidad de acción que tenemos los humanos cuando pensamos y actuamos. En especial, si lo hacemos juntos.

CAPÍTULO 8
Sanar la conversación pública

> Que los ciudadanos tuvieran acceso durante años al material que el gobierno trató inútilmente de ocultarles da fe de la integridad y el poder de la prensa de forma más contundente que el modo en que *The New York Times* publicó el relato. Lo que se ha sugerido con frecuencia ha quedado confirmado ahora: mientras la prensa sea libre y no esté corrompida, tiene una función enormemente importante que cumplir y sin duda merece el nombre de cuarto poder.
>
> HANNAH ARENDT, *La mentira en política*

Conscientes de la importancia de tener una conversación pública sana que ayude a la convivencia, ya no nos vale con diagnosticar la desinformación, sus modalidades y efectos. Hay que dar un paso más e identificar qué puede y debe hacer cada cual para crear lo que se denomina «espacios de debate seguros». Se trata de conseguir entornos donde la discusión verse sobre ideas y no sobre personas; donde la discrepancia se entienda como oportunidad de avance; donde la empatía y el respeto mutuo sean la regla. Espacios que recuerden que las personas son sagradas, pero no así las ideas, cuyo desarrollo y mejora necesita del cuestionamiento permanente.

Contra la desinformación

Como se ha mostrado anteriormente, la desinformación es uno de los fenómenos más diagnosticados y analizados en los últimos años. El que se considera el informe de referencia mundial en materia de riesgos, la gran encuesta de percepción de riesgos globales en 2024-2025 realizada por el Foro Económico Mundial, el Foro de Davos, lo presenta como el primer riesgo al que nos enfrentamos a corto plazo. El desarrollo tecnológico, la forma en que las redes sociales y las tecnologías de la información y la comunicación han penetrado en nuestras vidas, y la crisis de credibilidad que atraviesan los medios de masas convencionales hacen que la desinformación tenga un enorme impacto.

Quizá por lo nuevo del fenómeno existe en la sociedad cierta sensación de impotencia a la hora de ponerle freno. Parece como si las cuestiones que tienen que ver con la tecnología fueran capaces de escapar de cualquier tipo de control, como si atravesasen fronteras sin que nadie pudiera o tuviera nada que decir. Sin embargo, nada más lejos de la realidad. En enero de 2025, el Brasil de Lula consiguió pararle los pies a X —antes Twitter—, que tuvo que avenirse a cumplir la legislación brasileña. El mismo Ejecutivo le dio setenta y dos horas a Zuckerberg para que explicara el fin de las verificaciones en Facebook. Hasta el Tribunal Supremo de Estados Unidos ha encontrado la manera de meter en vereda, e incluso cerrar, la plataforma china TikTok. Más tímido ha sido el Reglamento de Servicios Digitales que la UE aprobó en 2022, y que parece no tener respuesta para estos casos.

Para poner freno a la desinformación conviene pensarla desde un prisma lo más amplio posible. Si la entendemos —como recomiendan los expertos— como un «desorden informativo», es necesario que cada parte del ecosistema tome medidas en todos los planos. El grupo de expertos de alto nivel sobre noticias falsas y desinformación en línea, creado por la Unión Europea, recogía en su informe *A Multi-Dimensional Approach to Disinformation* tres principios en los que puede basarse la respuesta a la desinformación: transparencia, aumento de la confianza y alfabetización mediática e informacional.[1] Para ello hay que contar con el apoyo de los propios medios de comunicación y de actores de la sociedad civil, como organizaciones especializadas en seguir este tipo de fenómeno, aunque tampoco puede dejarse de lado la necesidad de legislar y aplicar las normas.

En efecto, el hecho de que tanto la parte privada —las empresas editoras— como las organizaciones de la sociedad civil sean necesarias no implica que la regulación no lo sea. Es imprescindible también desarrollar normas que indiquen qué reglas de juego debe seguir el conjunto de los agentes que forman parte del proceso de información y comunicación. La rendición de cuentas y la transparencia no deberían ser un problema para ellos, ya que disponen de la tecnología para hacerlas posibles y fáciles.

Existen ya múltiples informes y propuestas sobre qué hacer para poner coto a la desinformación[2] y todos coinciden en algunos puntos: verificación de hechos, normativa para perseguir a los distribuidores de bulos y alfabetización mediática de la ciudadanía para que tenga criterio a la hora de identificar las patrañas y mentiras que son más compartidas. Esta última parte es esencial, ya que, como van mostrando los estudios más recientes, los ciudadanos suelen prestar atención a la verificación y a otras formas de información objetiva, incluso cuando estas desafían sus posiciones ideológicas.[3]

Según un trabajo del Reuters Institute for the Study of Journalism, un 13 % de la ciudadanía manifiesta no saber qué hacer para comprobar si una información es falsa, pero «una gran mayoría identifica al menos un lugar al que puede recurrir y, en muchos casos, dos o más».[4] Según este informe, los más avezados suelen acudir a fuentes oficiales y el resto se fía de los buscadores habituales y las iniciativas de verificación. Hay, por tanto, un relevante porcentaje de ciudadanos conscientes de la importancia de no caer en noticias falsas y bastante conocimiento sobre qué hacer o adónde acudir para comprobar una información sospechosa.

Créanme, los hechos ciertos existen

El 22 de enero de 2017, el mundo cambió. Kellyanne Conway, consejera del presidente Donald Trump en su primer mandato, concedía una entrevista en el programa *Meet the Press.* En un momento le preguntaron sobre las declaraciones que había hecho en rueda de prensa el secretario de Prensa de la Casa Blanca, Sean Spicer, sobre la asistencia de público a la investidura de Donald Trump en el National Mall. El secretario de Prensa había acusado a los medios de comunicación de subestimar deliberadamente el número de personas concentradas para presenciar la investidura del presidente Trump y afirmó que la ceremonia había contado con la «audiencia más grande que ha presenciado nunca una investidura, tanto en persona como en todo el planeta». Sin embargo, cotejando los datos, era fácilmente comprobable que esa afirmación era falsa. Las imágenes aéreas demostraron que la asistencia a la investidura presidencial de Trump había sido menor que la de su predecesor, Barack Obama, en 2009. Cuando le preguntaron a la consejera Conway sobre este asunto, contestó que Spicer estaba describiendo «hechos alternativos». El entrevistador le respondió que los «hechos alternativos» son, sencillamente, mentiras, y las redes sociales se llenaron de memes y bromas al respecto.

El mal ya estaba hecho. La categoría de «hechos alternativos», que en 2017 era motivo de burlas y chanzas, hoy podemos verla aplicada a gran parte de los debates públicos. Ya sea una cifra de desempleo, un informe científico sobre el incremento mundial de la temperatura o incluso algo tan frío y objetivo como los datos macroeconómicos, no hay variable que no sea cuestionada o puesta en duda en la conversación pública. No se trata de una opinión, un análisis o una interpretación de un hecho; es el mismo hecho el que hoy está en cuestión. Sin ese hecho cierto, no hay opinión, análisis o interpretación posible.

El efecto es demoledor, porque impide disponer de un espacio común alrededor del cual organizar cualquier debate. Sin una realidad compartida no hay discusión ni deliberación posible. Si no nos ponemos de acuerdo en los hechos, en los hechos ciertos, en la verdad de esos hechos ciertos, ¿cómo vamos a confrontar enfoques, valoraciones y opiniones al respecto? ¿En torno a qué va a girar la conversación pública? Innerarity se muestra así de rotundo: «Aunque la objetividad sea difícil, esta dificultad no es una prueba contra la supresión de las líneas de demarcación entre el hecho, la opinión y la interpretación, ni una excusa para manipular los hechos. Para salvar nuestro mundo común es necesario que lo verdadero y lo falso sean categorías operativas»; y concluye: «Renunciar a nuestros ideales de verdad y falsedad supondría entregarse al poder de los oportunistas».[5]

El coreano Byung-Chul Han alerta también de los efectos de dejar de creer en la facticidad. «Vivimos en un universo desfactificado»,[6] llega a decir, y advierte que hemos perdido el «impulso a la verdad, la voluntad de verdad»,[7] lo que ha dado lugar a un nuevo nihilismo que es, sin duda, inherente a la sociedad de la información.

Una cuestión bien distinta es qué papel juega la «verdad» en democracia, dado que esta se basa más en la interpretación que en la verdad incontestable. Pero, incluso si nos situamos en ese plano, debemos diferenciar entre los «hechos ciertos» —el descenso de un 2 % del desempleo, el incremento de la temperatura media del planeta desde que existen registros, el porcentaje del PIB que supone el turismo— y la discusión y confrontación de interpretaciones distintas que nos llevaría a plantearnos si el desempleo se está midiendo de forma correcta, si el incremento de temperatura media en el planeta es debido a la acción humana o forma parte de la evolución natural, o si es positivo o negativo que el turismo suponga más del 12 % del producto interior bruto; incluso si el PIB mide realmente aquello que nos importa y que definimos como «riqueza» o si, por el contrario, registra algo completamente diferente.

Ponerle coto a la desinformación no solo es deseable, sino que también es posible. Defender los «hechos ciertos» es una obligación si queremos mantener una conversación pública. Pero no solo eso. Es preciso, también, atreverse a discrepar, y aprender a hacerlo de la mejor manera posible.

A FAVOR DE LA DISCREPANCIA

Se ha escrito mucho sobre los requisitos que deben darse en una sociedad para que sea posible una deliberación digna de ese nombre. El debate generado en torno a la propuesta deliberativa de Habermas y la necesidad de superar algunas limitaciones, como la dificultad de garantizar la participación equitativa y la posibilidad de que los intereses no sean universalizables, son algunos ejemplos que lo atestiguan.

A todos estos requisitos hay que unir el hecho de que, en las democracias actuales, el contexto de crispación política imperante en nuestros días tiene un efecto perverso. La crispación, fuertemente instalada en las élites, genera un clima bronco y la sensación de que no es posible el acuerdo. De ahí que en la esfera pública se haya acabado sacralizando la idea de consenso, hasta el punto de que se hace difícil ejercer la crítica, porque se interpreta como una apuesta a favor de la crispación, o peor, de una supuesta «polarización» que acaba operando como una cortina de humo para tapar problemas más profundos. En definitiva, el derecho a la discrepancia es vulnerado por la bronca continua.

Al huir como de la pólvora del griterío que desborda el debate político, a menudo caemos en el error de elevar a máximo valor el consenso y olvidar que la política, y especialmente la política democrática, consiste precisamente en gestionar los disensos, y en ese proceso debemos ser capaces de encontrar acuerdos que, aunque no zanjen de forma definitiva ningún debate, nos ayudarán a avanzar. Para ello, el primer paso es sacar a la luz esas discrepancias y no hacer del consenso el bien supremo sin situar al mismo nivel el disenso. Las democracias se construyen sobre esos dos elementos. En buena medida, son la forma de transformar la discrepancia propia del pluralismo en el acuerdo imprescindible para la convivencia.

CAPÍTULO 9
Maximizar el bienestar dentro de los límites del planeta

> Nunca se cambian las cosas luchando contra la realidad existente. Si quieres cambiar algo, construye un modelo nuevo que haga obsoleto el modelo actual.
>
> BUCKMINSTER FULLER

La crisis ambiental, que en el fondo es una crisis ecosocial, es el principal desafío al que se enfrenta la humanidad. Sobrepasados por su dimensión, la profundidad de sus causas y sus múltiples e ineludibles efectos, tenemos necesariamente que abordar el gran debate político de cómo hacerle frente. Como he señalado previamente, esta debería ser la gran discusión política de nuestro tiempo, cómo convertir la transición ecológica —en sus diferentes formas y modelos— en una oportunidad para que todos y todas, los que estamos y las que vendrán, vivamos mejor, para lo cual es necesario respetar los límites ambientales del planeta.

POLITIZAR LA TRANSICIÓN ECOLÓGICA, LA GRAN OPORTUNIDAD[1]

La crisis ambiental nos obliga a acelerar una transición ya iniciada, pero que necesita mayor velocidad y ambición. La crisis ambiental no es de izquierdas ni de derechas; la crisis ambiental «es». Ahora bien, la forma de abordarla, de plantarle cara, es un asunto de enorme calado político. En función de cómo se haga, la desigualdad podrá agrandarse y la cohesión social debilitarse, o todo lo contrario.

Una pregunta emerge: ¿es posible hacer frente a la crisis ecosocial y fortalecer la democracia? Al menos, hay que intentarlo. Permítanme aportar una serie de ideas que pueden ayudar a empujar en unos casos y a poner en marcha en otros esta transición, de forma que no solo no erosione las democracias, sino que contribuya a su fortalecimiento.

En primer lugar, este debate ha de politizarse. ¿Quiere decir esto que debe formar parte de la batalla habitual entre partidos políticos? En absoluto. Esta llamada a la politización busca la apertura del debate a las distintas opciones ideológicas para que se puedan comparar, contrastar y confrontar. En la lucha contra el cambio climático y la apuesta por la transición ecológica, el debate político no puede seguir soterrado. No se trata, pese a que no faltan esfuerzos por hacernos creer lo contrario, de una discusión técnica; ni siquiera científica. En un claro ejemplo de que el TINA al que antes se aludía no tiene sentido tampoco en lo referente al desafío ambiental, existen distintas propuestas para llegar a la descarbonización y acelerar la transición hacia un modelo más sostenible. Son los valores, las ideas y, en definitiva, el componente ideológico lo que diferencia a unas de otras.

Un análisis de los discursos de los principales actores políticos muestra tantas formas de abordar el desafío ambiental como paradigmas ideológicos. En posiciones ideológicas situadas a la izquierda del espectro político se encuentran los partidarios del decrecimiento en sus distintas variables. Esta concepción, que tiene al pensador Serge Latouche como uno de sus primeros referentes, ha sido acogida con agrado en los movimientos sociales medioambientales. Los defensores del decrecimiento comparten con algunos sectores de los socialdemócratas su crítica a medir el progreso y la riqueza a través del PIB —a lo que se hará referencia más adelante—, si bien estos últimos se encuentran más cómodos con una idea de «transición justa» que trata de evitar o minimizar las víctimas de este proceso. El objetivo de esta propuesta es articular políticas de justicia social en relación con los individuos, sectores económicos y territorios afectados por la transición ecológica. El caso del cierre de las minas de carbón en Europa, unido a la necesidad de desarrollar programas de compensación para las personas y territorios afectados por tal medida, ha sido uno de los primeros ejemplos, pero aquí se ha planteado ir más allá. Desde el Acuerdo de París, donde se introduce por primera vez el concepto de transición justa, este ha sido un punto fundamental de todas las negociaciones internacionales, incorporando también a los sindicatos y los empleadores.

En el espectro ideológico de la derecha, las propuestas liberales y conservadoras hunden sus raíces en pensadores que reivindican la conservación de la naturaleza como patrimonio. Adivinen quién pronunció estas palabras:

> Lo que estamos llevando a cabo en el mundo al degradar las superficies terrestres, contaminar las aguas y añadir gases de efecto invernadero a la atmósfera a un ritmo sin precedentes es nuevo en la experiencia de la Tierra. Es la humanidad y sus actividades las que están cambiando el medio ambiente de nuestro planeta de for-

> ma dañina y peligrosa. [...] Debemos recordar siempre que los mercados libres son un medio para alcanzar un fin. No cumplirían su objetivo si, debido a la contaminación, sus productos causaran un daño mayor a la calidad de vida que el bienestar que logran al producir bienes y servicios.[2]

Puede que se sorprendan, pero fue Margaret Thatcher quien formuló tales palabras en su discurso ante la Asamblea General de Naciones Unidas en 1989. En efecto, la líder conservadora británica se mostraba en aquel año así de tajante y calificaba la «amenaza sobre el medio ambiente» como el desafío más relevante al que se enfrenta la humanidad.

La propuesta de liberales y conservadores, más extendida en países del norte de Europa, encomienda el cambio de modelo energético —en el que centran sus políticas ambientales, junto a la conservación del patrimonio natural— al desarrollo de la tecnología y al poder de los mercados. Abogan por dar incentivos a las empresas y relegan los aspectos sociales y el papel del Estado, porque consideran que su intervención debe ser mínima.

Ni siquiera la ultraderecha es ajena del todo al debate medioambiental. Sus posiciones van desde la ambivalencia hasta el negacionismo, pasando por el retardismo. Ejemplo de la primera es el caso de Marine Le Pen, con el medio rural como prioridad y con un fuerte componente nacionalista. Asumiendo que todo discurso político tiene que abordar el desafío ambiental, la dirigente de la ultraderecha gala defiende la energía nuclear, pero combate el despliegue de energía eólica amparándose en «la defensa del paisaje». Le Pen fustiga a los partidarios del ecologismo, a los que acusa de pretender «terminar con nuestras costumbres», y se reivindica como «la candidata de la agricultura familiar y de la relocalización de la producción», que según ella constituyen «la verdadera ecología». Es más, en su programa para las elecciones europeas del año 2024, anunciaba la creación de una plataforma dedicada al cambio climático.

En la ultraderecha existe también lo que se ha dado en llamar «retardismo», que no es sino una especie de cuarta versión o derivada del negacionismo clásico. Si este último negaba la existencia de la crisis climática, el retardismo ya no la niega, pero cuestiona que sea provocada por la acción de los humanos; y la postura de la ambivalencia no negaba su existencia ni el hecho de que tuviera orígenes antropogénicos, pero sí el impacto que pudiera tener. Hoy, el «retardismo», en una nueva versión del negacionismo, ya no se centra en la negación del cambio climático, sino en el cuestionamiento de las políticas adoptadas, señalando la inoportunidad de las medidas que se han puesto en marcha (por las consecuencias que pueden tener sobre un sector de la población), o del momento o la coyuntura elegidos para su aplicación. A los adalides de esta línea les reconocerán por sus alusiones al «fundamentalismo climático», al «activismo climático» o expresiones similares. Partidos de extrema derecha como Vox cada vez se apuntan más a esta opción.

En cuanto al negacionismo más explícito, hoy las posiciones más conocidas son las que encarna Donald Trump, quien ha declarado en numerosas ocasiones que el calentamiento global es «un concepto creado por los chinos para hacer que la industria manufacturera estadounidense pierda competitividad». En la campaña electoral de 2016 lanzó un discurso populista en torno a las medidas de mitigación del cambio climático, presentándolas como un obstáculo para el desarrollo del capitalismo y una desventaja competitiva para Estados Unidos frente a países como China e India. En sus discursos se refiere a las políticas climáticas como «antitrabajadores» y «destructoras de empleos». En el inicio de su segundo mandato, uno de los lemas ha sido «*Drill, baby, drill*», en alusión al *fracking* y a la extracción de petróleo. Cosa distinta es el comportamiento de los mercados, como apuntaré más adelante.

El caso de Bolsonaro en Brasil es algo diferente. Más que negar el problema del cambio climático, lo relaciona con el crecimiento demográfico y, por ello, insta a poner en marcha políticas de planificación familiar. Su actitud es especialmente virulenta con los pueblos del Amazonas, a quienes no tiene problema en sacrificar en favor de los intereses del sector agrícola, minero o ganadero, con políticas de deforestación.

Como puede verse, las propuestas de transición ecológica dependen del ángulo ideológico desde el que se formulen. Sería difícil que fuera de otra forma, teniendo en cuenta que una transición de la naturaleza y profundidad de esta supone un replanteamiento de los fundamentos políticos, sociales y económicos de una sociedad. No se trata de modificar un aspecto puntual o de transformar pautas de producción y de consumo. Si la crisis climática lo cambia todo —como apuntaba Naomi Klein en el título de uno de sus libros más importantes—, la transición ecológica, para tener éxito, también ha de hacerlo.

En mi opinión, una transición hecha bajo los principios neoliberales —en donde operan el mercado y la tecnología, sin criterios adicionales de justicia social—, los presupuestos nacionales —como defiende la ultraderecha— o los «retardistas» —camino que la derecha tradicional cada vez avala más— puede abocar a una catástrofe climática, a la ruptura de la cohesión social y a tensionar la convivencia y la democracia hasta extremos insoportables.

La opción más adecuada para hacer frente a la crisis ecosocial y fortalecer la democracia es, desde mi punto de vista, aquella en que se acierte a la hora de aplicar los principios de la transición justa al conjunto de los sectores afectados por dicha transición —¿cuáles no lo están?—. Los programas de transición justa que se han puesto en marcha en zonas de minería de carbón, aunque con resultados desiguales, en unos cuantos países, España entre ellos, muestran la serie de procesos que, a través de acuerdos con los territorios, los sectores económicos y los trabajadores afectados, hacen posible que se encuentren y promuevan alternativas que permiten reinventar la economía de la zona, facilitando la transición de la «economía marrón», la ligada a los combustibles fósiles, a la «verde», la relativa a las energías renovables, la economía circular, etc.

Este planteamiento debería ser extendido a otros sectores económicos. Al sector primario en primer lugar, que, paradójicamente, es el que siente más de cerca los efectos de la crisis climática, pero también el que en ocasiones se ha mostrado más reacio a entender la transformación, y donde las fuerzas de la ultraderecha buscan apoyos explotando la desesperación e incomprensión que sienten y manifiestan agricultores, pescadores y ganaderos. Pero no es el único. Fijémonos, por ejemplo, en el turismo. En el caso español, supone el 12,3 % del PIB. No aplicar criterios de sostenibilidad es una irresponsabilidad política y económica. Atrevámonos, por tanto, a debatir y confrontar modelos. Estamos, disculpen la insistencia pero no me canso de repetirlo, ante el principal debate político e ideológico de nuestro tiempo.

Hacer de la sociedad la protagonista del cambio

Sería fácil ventilar la necesidad de mayor implicación de la sociedad en la transición llamando a poner en marcha procesos de participación. Sin embargo, sabemos ya que décadas de experiencias —más o menos rigurosas, bienintencionadas o atinadas—, de procesos de participación en los diferentes niveles de gobierno y de la Administración pública no están consiguiendo recuperar la confianza institucional. Más bien al contrario: esta ha seguido creciendo.

Como se ha señalado anteriormente, la idea de participación se queda corta. Cuando uno «participa» lo hace de algo que es de otro. Si usted me invita a participar en su fiesta, yo podré degustar en su compañía las mejores viandas y disfrutar con su música, pero la elección de la comida, la decisión de si hay vino, qué tipo de vino, si hay o no bebidas alcohólicas, y la música que debe sonar la tomará usted, no yo. De ahí que Rosanvallon,[3] consciente de las carencias y debilidades de esta noción de participación como herramienta para recuperar la confianza y la adhesión a los valores democráticos, defienda en cambio la idea de «democracia de apropiación», que incide en el hecho de que quizá no sea suficiente que la ciudadanía participe en la fiesta, sino que sería mejor que la organizase. Es decir, pasar de la «participación» a la «coproducción política» para pensar juntos y juntas los desafíos, entendiendo que lo público es mucho más que la Administración, en línea con lo que las corrientes que profundizan en los bienes comunes llevan indicando.

En este sentido, se trataría de pasar de una democracia intermitente —presente solo en el momento electoral— a una democracia permanente, y de una democracia de delegación a una de implicación. La democracia se convierte así en toda una propuesta de articulación política, pero también social. Experiencias como las asambleas ciudadanas por el clima, que se están convocando en múltiples países tanto a nivel local como regional y estatal, o los contratos de río, que buscan definir las estrategias de gestión de los ríos con todos los implicados, son ejemplos de este tipo de prácticas que, sin duda, necesita la transición ecológica y pueden ayudar, a su vez, a fortalecer las democracias.

Entre todas las brechas que se han abierto en las democracias europeas en los últimos años, la territorial cobra especial relevancia para la transición ecológica. Es la que separa el mundo urbano, abierto y cosmopolita, propio de las élites, del ámbito rural, un espacio que se siente abandonado, excluido y, en ocasiones, sacrificado.[4] Los efectos de esta brecha exceden con mucho los aspectos relativos a la transición ecológica, ya que constituyen una de las principales fallas sociales, pero sobre esta materia actúa de forma particular.

Uno de los fenómenos en los que mejor se puede comprobar la profundidad de la brecha es en los conflictos que surgen en buena parte de los países europeos por la introducción de energías renovables, fundamentalmente la solar y la eólica. Aunque la casuística es diversa, entre quienes se oponen a estas instalaciones subyace la idea de que, una vez más, su territorio se sacrifica para que otros obtengan beneficios, y ello se hace sobre espacios donde la memoria histórica de acontecimientos anteriores de carácter similar evoca valles inundados por la construcción de embalses para regar tierras lejanas, allá en el llano; hay terrenos ocupados por macrogranjas que contaminan los acuíferos para que otros gestionen la comercialización y acumulen ganancias; hay líneas de alta tensión invasivas; y, recientemente, se han construido también centros de datos cuyo consumo de energía eléctrica y de agua ni siquiera se conoce debido al secretismo de los instaladores, que no están obligados a hacer pública esta información en aras de la protección del secreto industrial. Si a esto se suma que la creación de puestos de trabajo es ínfima, pese al volumen de las inversiones, se entiende mejor el malestar y esa idea de «territorios de sacrificio». En otras latitudes, como ocurre en muchos países de América Latina, esta misma subordinación de unos territorios a otros se produce, por ejemplo, por prácticas mineras que contaminan ríos y acuíferos de los que las poblaciones de ese territorio ya no pueden beber ni pescar, porque otros, en lugares lejanos, obtienen beneficios a su costa.

Entender la lógica que opera entre quienes se quejan amargamente por sentir, una vez más, que su región o comarca se pone al servicio de otros territorios es clave para establecer políticas de desarrollo territorial basadas en la equidad.

La idea de transición justa a la que antes se aludía al hablar del carbón ha de aplicarse también en su variante territorial. No puede haber territorios víctimas, territorios de sacrificio, sino que es preciso encontrar fórmulas favorables para todos en donde los lugares que albergan infraestructuras salgan también beneficiados de ellas, de una u otra manera. Pactar con el territorio buscando acuerdos con transparencia y diálogo es clave para que la transición pueda alcanzar la velocidad máxima.

Conviene no olvidar que el territorio es el espacio donde se materializa la sostenibilidad y, por tanto, donde estallan las contradicciones, donde se pone de manifiesto la brecha que existe entre lo que sabemos que hay que hacer y lo que hacemos de verdad. Donde, por tanto, hay que alcanzar los acuerdos.

Obtener licencia social para operar: una nueva colaboración público-privada-social

¿Cómo se consiguen esos acuerdos? De un tiempo a esta parte, y gracias a experiencias que se han desarrollado en primer lugar en países latinoamericanos, se está extendiendo la idea de que a las empresas ya no les basta con obtener las correspondientes licencias administrativas para llevar adelante sus proyectos. Necesitan, además, una «licencia social», que es la que le otorga la sociedad, los habitantes del territorio en donde quiere operar. Se trata de profundizar en cierto modo en los modelos de colaboración público-privada para incorporar a un nuevo actor: la sociedad. Veamos en qué consiste esta «colaboración público-privada-social».

Con la expresión «licencia social», o «licencia social para operar», se hace referencia al grado de legitimidad social que alcanzan las actividades y proyectos de una empresa o actividad económica determinada. Se refiere, en definitiva, al nivel de apoyo y aprobación de un proyecto por parte de diferentes grupos de interés, bien sea una comunidad indígena, una población que vive en el entorno de un río, una comarca donde se quiere instalar un parque de energía eólica, etc. Es decir, si hasta ahora para iniciar un proyecto era suficiente con disponer de una licencia administrativa, la magnitud de los cambios de la transición ecológica implica que, para que se haga con justicia, ha de contarse también con la licencia social que otorga la comunidad en donde opera el proyecto.

Esto significa, entre otras cosas, que ha de cambiar el marco formal de relación de la Administración pública y las empresas con el territorio. Es preciso dejar atrás las relaciones transaccionales, en ocasiones alejadas de los criterios de responsabilidad social o incorporados solo de forma superficial y meramente cosmética, para adoptar una visión de desarrollo y prosperidad compartida entre las Administraciones, las empresas privadas y la comunidad, es decir, la población asentada previamente en el área que va a verse afectada. La licencia social implica que habrá un desarrollo conjunto y con mirada de largo plazo.

Podrán ustedes pensar que esto no deja de ser un deseo bienintencionado, pero, créanme, ya hay experiencias que muestran que es posible. Aquí un ejemplo: la Mesa Social del Agua de Andalucía se constituyó en 2018 con la participación de sindicatos, organizaciones agrarias, empresas públicas de agua, consumidores, expertos en gestión de aguas y organizaciones ambientales, abiertos a la colaboración con las Administraciones. Si se fijan, se trata de actores que *a priori*, y como ha sucedido en muchos casos, es muy difícil que se pongan de acuerdo en materia ambiental y de desarrollo económico, pues parten de posiciones y visiones a menudo enfrentadas. Un análisis de incentivos clásico de los que acostumbramos a hacer los politólogos diría que tienen intereses contrapuestos. Pues bien, con la metodología adecuada y un proceso de debate sosegado, discreción y tiempo, la Mesa Social del Agua de Andalucía ha conseguido alcanzar acuerdos sobre cuestiones sensibles como la sobreexplotación del agua, los límites del regadío o el apoyo a la agricultura familiar. En las conclusiones de una de sus jornadas se puede leer:

> Es imprescindible abrir las ventanas de los despachos y los archivos del agua, introducir transparencia, participación y rendición de cuentas; saber quién y cómo reparte los recursos. Es necesario incorporar nuevos criterios y nuevas voces que representen a la mayoría de los que conforman el regadío social, familiar y profesional, y a la población usuaria de los restantes servicios del agua, frente a los viejos y a los nuevos *lobbies*. Y también, en la base de la gestión del agua, democratizar las Comunidades de regantes y garantizar la gestión pública democrática del ciclo urbano del agua.[5]

Estas dinámicas y procesos, además de generar legitimidad para los proyectos de transformación, ayudan a prevenir conflictos. No obstante, no siempre se llega a tiempo; de hecho, hay ocasiones en que el conflicto estalla e incluso se enquista durante décadas. Es el caso de una serie de embalses proyectados en Aragón décadas atrás que habían dividido profundamente a la sociedad. Los afectados por su construcción —quienes veían que sus valles y sus casas quedarían sumergidos bajo las aguas— y los agricultores que reclamaban agua para regar se enzarzaron durante decenios en protestas, acciones judiciales y un debate público que cambió en buena medida la política de la región.

Para ayudar a resolver estos conflictos, la Fundación Ecología y Desarrollo (Ecodes), una ONG de cuyo comité de dirección tuve el gusto de formar parte durante más de una década, puso en marcha en el año 2002 la Iniciativa Social de Mediación (ISM) para los conflictos del agua en Aragón con el objetivo de «facilitar una dinámica de acuerdos que ayudara a la reconstrucción de una visión común sobre la gestión del agua en Aragón».[6] Los mediadores fueron seleccionados entre mujeres y hombres de reconocido prestigio y el proceso fue dirigido por profesionales y facilitadores de la mediación. Si bien en esta primera fase no se logró alcanzar un consenso en torno a un documento común y, además, la ISM se vio interrumpida por una convocatoria electoral que imposibilitó el acuerdo, contribuyó en buena medida a acercar posturas entre los actores en conflicto y, de forma significativa, a cambiar el estado de opinión de una sociedad cansada ya del enquistamiento del conflicto hidráulico.

En 2004, y con el apoyo del Gobierno de Aragón, la ISM inició una segunda fase, con una metodología distinta que permitió afrontar cada conflicto caso por caso. Se trataba de los proyectos de embalse del recrecimiento de Yesa y la construcción de los embalses de Santaliestra, Biscarrués, Matarraña y Mularroya. Si bien en el primero no se dieron las condiciones para iniciar un proceso de mediación, y en el caso de Biscarrués no se consiguió un acuerdo total, los otros tres conflictos sí que fueron resueltos, en este caso con acuerdos por separado que permitían salvar los valles y planteaban medidas y obras alternativas que satisfacían también las demandas de los agricultores, incorporando, además, criterios de sostenibilidad ambiental.

La creación de espacios de diálogo social y deliberación, así como la puesta en marcha de procesos de mediación cuando los conflictos estallan, son la piedra angular de toda transición ecológica que se pretenda no solo justa, sino rápida y, en último término, viable. Se suele objetar que estos procesos de innovación social que se establecen sobre la base del diálogo, la concertación y la negociación con los diferentes niveles administrativos implicados —municipios, diputaciones provinciales, gobiernos regionales...—, así como con el tejido económico y social de estos territorios, requieren mucho tiempo. La experiencia demuestra que es justo al contrario. Tiempo invertido en acordar es tiempo ahorrado en litigar. Allí donde hay acuerdos, los tiempos y la tramitación avanzan. Allá donde no, se acaban atascando ante cualquier trámite, judicializándose en muchas ocasiones y, en el mejor de los casos, retrasándose notablemente. En otros, directamente, el proyecto decae.

Poner los conocimientos al servicio de la gran transición

Dos palabras definen el momento actual, como se ha señalado desde el comienzo de estas páginas, y ambas son especialmente relevantes para entender la crisis ecosocial: la primera es *incertidumbre*; la segunda, *complejidad*. Ambas describen muy bien la situación que la ciencia trata de entender cuando nos dice que caminamos por terreno desconocido.

Incertidumbre y complejidad nos obligan a disponer de un nutrido grupo de conocimientos que operan de forma conjunta. Ni las ciencias de la Tierra, ni la economía, ni las ciencias sociales o las del comportamiento, ni siquiera quienes desarrollan la tecnología que hace posible la transición, pueden asumir por sí solas la complejidad de lo que tenemos delante ni impulsar la gran transformación imprescindible, sino que necesitan del concurso de los demás saberes para diagnosticar juntos los problemas y buscar en conjunción las posibles salidas. Ni siquiera es suficiente ya con decir eso de que se necesitan equipos interdisciplinares, es decir, formados por expertos de distintas áreas. La complejidad del asunto exige planteamientos transdiciplinares, en los que las personas expertas sean capaces de trabajar conjuntamente con sus conocimientos y en otras ramas ajenas a ellos. No es fácil, y probablemente no estemos preparados para ello, pero es el reto que toca asumir.

De esta manera podremos disponer de un conocimiento no solo apto para reducidos círculos de expertos y académicos, sino también, y fundamentalmente, para ponerlo al servicio de los desafíos del momento. Un conocimiento o, mejor dicho, unos conocimientos al servicio de la transformación social y dispuestos para ser incorporados a la toma de decisiones políticas sin necesidad de acudir a «comités de expertos», los cuales se crean de forma puntual para hacer frente a una dana, una ola de incendios, una sequía o unas inundaciones. Generalmente, cuando ya es demasiado tarde.

Todas estas dinámicas, y otras que exceden a las pretensiones de estas páginas, son clave para que el principal desafío que tenemos como humanidad, la crisis ecosocial que todo lo cambia, pueda llevarse a cabo y convertirse, al mismo tiempo, en un impulsor de prácticas de deliberación y corresponsabilidad que favorezcan la coproducción política, la generación de conocimientos al servicio de los desafíos que vayan surgiendo, la implicación de la ciudadanía y la responsabilidad de las empresas. Ningún actor por sí solo puede hacer frente a la crisis climática, y existen muchas posibilidades de que la urgencia, el desconocimiento y la complejidad lleven a adoptar políticas que, lejos de ayudar a abordar el desafío, acaben agravándolo y creando más malestares y descontentos. Sin embargo, una transición ecológica justa puede ayudar a lo contrario, a hacer frente a la crisis climática dándole la vuelta al modelo y convertir el descontento en fuerza de transformación social y mejora de las democracias.

Ese progreso del que usted me habla

Hace décadas que nos preguntamos qué es el progreso, esa idea que indica que la humanidad avanza hacia una vida mejor, en una línea recta ascendente de bienestar que tiende al infinito. Kate Raworth, lo explica así:

> Con la torpeza propia de los adolescentes que aprenden a hablar sobre sus sentimientos por primera vez, los economistas y políticos, como el resto de nosotros, estamos buscando las palabras (y, por supuesto, las imágenes) apropiadas para expresar un propósito económico de mayor envergadura que el crecimiento. ¿Cómo podemos aprender a hablar de nuevo de valores y objetivos, y situar estos en el núcleo de una mentalidad económica adecuada para el siglo XXI?[7]

Los instrumentos que medían y, por tanto, definían el progreso ya no son válidos. Esa línea recta de crecimiento ascendente que el PIB confunde con el progreso se quebró en la última crisis financiera, la de 2008, en buena parte de Occidente. Fueron muchos los Estados del bienestar que empezaron a presentar fallos y con ellos activaron las políticas del malestar que nos han traído hasta aquí. Pero la reflexión va más allá. Žižek da la pista cuando afirma que no se puede concebir el progreso como un proceso general, sino como el desarrollo interno de un sistema que actualiza sus potencialidades. Y añade:

> Hemos de reconocer que el progreso nunca es una aproximación lineal a alguna meta preexistente, y aunque cada paso adelante que merezca el nombre de progreso implica una redefinición radical de la propia noción de progreso, necesitamos redefinir constantemente el progreso y esta redefinición es una parte crucial de este.[8]

En efecto, preguntarse qué es el progreso en medio de una crisis ambiental que amenaza la vida sobre el planeta tal como lo hemos conocido supone salir de la lógica del sistema, «pensar fuera de la caja». En definitiva, es interrogarse sobre qué es la riqueza, el bienestar y aquello a lo que una sociedad aspira. Una línea de pensamiento crítico que nunca ha desaparecido, aunque se haya intentado invisibilizar. Desde 1819, cuando Jean Sismondi trató de relacionar la economía con el bienestar humano, pasando por las teorías de John Ruskin, Schumacher —recuerden, el de «lo pequeño es hermoso»—, el chileno Max-Neef y tantos otros, hasta llegar a Amartya Sen, que ganó el Nobel defendiendo que el desarrollo debería equivaler a «fomentar la riqueza de la vida humana antes que la riqueza de la economía en la que viven los seres humanos», la idea de progreso ha estado en permanente discusión.

Los más ortodoxos acuden al producto interior bruto como elemento de medición para, de esa manera, poder definirlo. Siguiendo su lógica, la mejor manera de saber qué es algo es comprobar cómo se mide. Pero ¿es hoy el PIB un indicador de progreso? O, dicho de otra manera, ¿creemos, pensamos, queremos que el progreso sea eso que mide el PIB?[9] La crítica es conocida: si construimos un edificio, sube el PIB. Si al día siguiente lo demolemos, vuelve a subir el PIB. ¿Ha crecido nuestro bienestar?, ¿hemos progresado? No lo parece.

Las inconsistencias que tienen indicadores como el PIB como medida de nuestro bienestar han dado lugar a la proliferación de índices alternativos. Entre los más conocidos se encuentra el índice de desarrollo humano de las Naciones Unidas (IDH), que se centra en tres dimensiones: una vida larga y saludable, la adquisición de conocimientos y un nivel de vida digno. El índice de bienestar canadiense, creado en 2011 tras una consulta ciudadana, incluye el capital social, el uso del tiempo, la cultura, la participación democrática, el medio ambiente, la educación, la salud y el nivel de vida. Nueva Zelanda optó por un camino similar y en 2019 puso en marcha su «Presupuesto del Bienestar», que dirige la inversión pública al cuidado de la salud mental, el apoyo a las comunidades indígenas, el bienestar infantil, la productividad, la transición hacia una economía verde y el mantenimiento de los servicios sociales. Incluso en Estados Unidos se encuentran experiencias de este estilo: los estados de Maryland, Utah y Hawái tienen un indicador de progreso genuino (IPG) que mide el valor económico, tanto positivo como negativo, de factores sociales y medioambientales. Para ello contabiliza servicios no monetarizados que aumentan el bienestar, como el trabajo voluntario y el doméstico, así como el capital natural, los recursos marítimos y forestales, la energía, etcétera. El IPG tiene en cuenta también la desigualdad, el coste del crimen, los divorcios o la pérdida de tiempo de ocio, así como los efectos negativos del crecimiento, como por ejemplo la degradación medioambiental y los daños para la salud.

Algunos marcadores miden directamente la felicidad, como el índice de felicidad interior bruta de Bután, que data de 1972. Concebido desde una óptica budista, está formado por una treintena de indicadores, entre los que se encuentran la resiliencia ecológica, el bienestar psicológico, la buena gobernanza, la diversidad, la salud y la vitalidad de la comunidad. Con un enfoque más global, Naciones Unidas lleva desde 2012 publicando el *Informe mundial de la felicidad*, que establece cómo ha evolucionado la felicidad de los ciudadanos en los últimos años en 156 países. Lo hace a través de los datos de la Encuesta Mundial de Gallup, en la que se pide a los encuestados que puntúen su vida del cero al diez, siendo cero la peor vida posible y diez la mejor. Para ello, se tienen en cuenta seis factores —cifras de PIB, esperanza de vida, generosidad, apoyo social, libertad y corrupción—, que se comparan con los de un país imaginario llamado Dystopía. En Dystopia vivirían las personas menos felices del mundo, así que los ciudadanos de cualquier otro país con el que se compare serán más felices que los de este. Si se preguntan quiénes dicen ser más felices, les avanzo que las naciones nórdicas, los Países Bajos y Canadá suelen encabezar la lista, mientras que entre los menos felices se encuentran a menudo Burundi, la República Centroafricana, Siria o Yemen. No se precipiten en la valoración: el enfoque de la encuesta es más propicio a la lógica occidental, así que no saquemos conclusiones demasiado contundentes; de todas formas, no puede negarse que entre sus mediciones hay elementos que son claves para el bienestar.

Si bien cada uno de estos indicadores y herramientas de medición de «la felicidad» evalúa aspectos distintos y tiene sus propias limitaciones, todos ellos comparten la idea de que el bienestar debe registrarse en términos sociales, económicos y ambientales, y ayudan a contestar la pregunta de qué significa el progreso, el desarrollo y el bienestar..., al menos, en una sociedad concreta.

En 2017 vio la luz la primera edición del libro de Kate Raworth *Doughnut Economic*, traducido al castellano como *Economía rosquilla.* La autora elaboró este trabajo en 2011 mientras trabajaba en la ONG internacional Oxfam. Comienza preguntándose qué es lo que permite prosperar a los seres humanos y concluye que es la suma de tres elementos: dignidad, oportunidad y comunidad. Basándose en la «ciencia del sistema Tierra», trata de diseñar una brújula que guíe a la humanidad hacia «un futuro que puede satisfacer las necesidades de cada persona al tiempo que salvaguarda el medio natural del que todos dependemos».

> Por debajo del fundamento social de la rosquilla se sitúan las deficiencias de bienestar humano que afrontan quienes carecen de elementos esenciales de la vida como el alimento, la educación y la vivienda; más allá del techo ecológico se hallan los excesos de presión sobre los sistemas que sustentan la vida en la Tierra, como el cambio climático, la acidificación de los océanos y la contaminación química. Pero entre estos dos límites se extiende una zona óptima —con una inconfundible forma de rosquilla— que resulta ser un espacio a la vez ecológicamente seguro y socialmente justo para la humanidad. La tarea propia del siglo XXI no tiene precedentes: llevar a toda la humanidad a ese espacio justo y seguro.[10]

Raworth consigue plasmar así en una imagen la idea de un modelo económico que se basa en los límites ecológicos del planeta, encontrando ahí su perímetro, o, como ella dice, su «techo», mientras que en la base, en el «suelo», se hallaría la satisfacción de las necesidades humanas, auténtico fundamento y razón de ser de la economía. ¿Cuándo dejó de ser este el objetivo de la economía?, podríamos preguntarnos. La propia Raworth apunta a John Stuart Mill, quien redefinió la economía política como «una ciencia que estudia las leyes de aquellos fenómenos de la sociedad que surgen de las operaciones combinadas de la humanidad para la producción de riqueza». Mill centró su pensamiento en las leyes en lugar de en los objetivos. Es hora de volver a la razón de ser de las cosas. *Back to basics.*

CAPÍTULO 10
Construir los futuros que queremos

> Defender la alegría como un principio
> defenderla del pasmo y las pesadillas
> de los neutrales y de los neutrones
> de las dulces infamias
> y los graves diagnósticos
>
> MARIO BENEDETTI,
> «Defensa de la alegría», 1978

La historia lo muestra a las claras: el avance social en general y el de las democracias en particular necesita ciertas dosis de esperanza y un futuro deseable al que aspirar. Su ausencia hace emerger malestares y descontentos que crecen desde las brechas cada vez más profundas que se abren cuando no somos capaces de dar respuesta a las dificultades y amenazas que se nos presentan. Así, los descontentos del momento, anclados sobre malestares múltiples, no alcanzan a ver más allá de un futuro apocalíptico al que nadie quiere llegar.

Para hacer frente a esos malestares es necesario convertir los retos del presente en oportunidades. Transición ecológica y revolución digital —la *twin transition*, como se acostumbra a llamar cuando se quiere hacer énfasis en la compleja relación existente entre ambos factores— deben ser oportunidades, o, mejor dicho, *la gran oportunidad*,[1] para fortalecer la cohesión social y las democracias. Junto a medidas concretas de carácter material —la desigualdad económica, los buenos empleos, el crecimiento de los salarios, el acceso a una vivienda pública, la calidad de los servicios públicos universales, etcétera—, urge vislumbrar un horizonte que dibuje un futuro al que llegar. Ese, y no otro, debería ser, desde mi punto de vista, el objetivo de la reconfiguración del contrato social para que esté a la altura de los tiempos, en alianza para el futuro. A continuación presentaremos unas cuantas consideraciones.

El futuro no se predice, se crea

Miramos al futuro con miedo, con pesimismo, pero hemos olvidado que el futuro no se predice, sino que se crea, se construye. Especialmente, si pasamos del pensamiento individual a alianzas que ayuden en la deliberación. El hecho de predecir, enunciar y contextualizar la deliberación ya es una forma de construir un marco[2] y, por tanto, una manera de mirar ese futuro que es performativa, capaz de darle una forma determinada. ¿Cómo es el futuro que queremos construir?; o, mejor dicho: ¿cómo son *los futuros* que queremos construir?

Los estudiantes, en las aulas, se quejan de los nubarrones y tormentas que se ciernen sobre su presente y su futuro, y en las calles y centros de trabajo cada vez más sectores sociales tienen la misma sensación de amenaza. ¿Se ha vuelto el futuro un lugar aterrador o seguimos asociándolo a la idea de progreso, solo que lo que genera decepción, frustración y malestar es comprobar que no avanzamos en la dirección correcta? ¿Es a eso a lo que se refieren quienes denuncian que los Estados del bienestar se han convertido en máquinas de malestar? No creo que exista evidencia empírica para dilucidar esta cuestión.

Sea como fuere, tanto nuestros estudiantes como cualquier ciudadano y ciudadana, cuando se les lanza la pregunta «¿Cómo os gustaría que fuera ese futuro?», contestan cosas muy parecidas: generalidades, conceptos que sirven más de inspiración que para describir una realidad concreta. Al estar tan preocupados por diagnosticar bien los retos —algo, por cierto, imprescindible—, nos hemos olvidado a menudo de mirar más allá. Hemos dejado para otro momento la definición de un futuro deseable, un futuro en el que querer vivir. Una definición que ha de hacerse de un modo preciso, huyendo de lugares comunes y enfrentando las contradicciones.

¿Cómo es una ciudad que incorpora todos los parámetros de la sostenibilidad? ¿Qué ofrece, a qué obliga, qué conflictos genera, qué contradicciones pone de relieve? La evolución del debate nos llevará con toda probabilidad a repensar conceptos clave como los de desarrollo, progreso o bienestar, algunos de los cuales se han esbozado en estas páginas. ¿A qué podemos aplicar la inteligencia artificial para que nos ayude a vivir mejor? ¿Cómo hacer que nos sirva para nuestros fines y no convertirnos en peones de sus deseos? ¿Existen modelos y referentes de nuevas masculinidades acordes con el feminismo? ¿Cómo son esos varones en los que deben mirarse los jóvenes para entender que el desarrollo de una sociedad más igualitaria es un juego en el que todos ganamos? ¿Puede la globalización serlo de los derechos humanos y no solo de los mercados financieros? ¿Nos puede ayudar la tecnología en esto? ¿Y en reducir las emisiones de gases de efecto invernadero sin caer en la trampa de una revolución digital que acaba consumiendo más recursos?

Responder a estas preguntas exige abrir el pensamiento a los futuros posibles y deseables, contradicciones incluidas, en un ejercicio que forzosamente ha de ser de innovación. Como recuerda Ramón Ramos tras un recorrido que va desde Gilgamesh, rey de Uruk, hasta la Revolución francesa: «El futuro muestra así su radical apertura, su creatividad, la insensatez de pensarlo como una prolongación o repetición del pasado».[3] En efecto, el futuro no tiene por qué ser una continuidad del pasado, ni siquiera del presente, lo que no implica que no haya elementos que puedan repetirse. Si hemos vivido pandemias, no es de extrañar que podamos volver a vivirlas; si en un lugar ha habido un terremoto, es posible que vuelva a suceder, etc. Sin embargo, sabemos que lo que se viene en llamar «cisnes negros» es mucho más abundante y recurrente de lo que pensaba el ensayista Nassim Nicholas Taleb. El recorrido que anteriormente hemos hecho por lo que llevamos de siglo XXI lo deja claro.

Esta situación encierra una paradoja. Si la digitalización forma parte de un cambio abrupto que obliga a pensar el futuro sin presentismos, de forma distinta al momento actual, ¿qué hacemos entonces con la inteligencia artificial, que no es otra cosa que el desarrollo desde el sustrato del pasado, de la memoria? Incluso la IA generativa, que aprende —pero no piensa—, lo hace sobre el pasado, sobre la ingente cantidad de datos de que dispone; pero datos todos del pasado.

Por otro lado, conviene subrayar que el futuro es siempre plural, una diversidad de futuros posibles, puesto que su significado forma parte de la disputa política. El futuro con el que sueña la oligarquía tecnológica difiere del mío y probablemente del suyo, y los nuestros, a su vez, serán distintos a los de los millones de africanos que sueñan con cruzar el Mediterráneo y llegar a Europa en busca de un futuro, o el de los migrantes atemorizados en Estados Unidos, o el de quienes votan a Milei en Argentina. Por eso los futuros, en plural, son siempre el resultado de una disputa política.

Quizá una buena manera de empezar a pensar —y, por lo tanto, crear— esos futuros sea trayéndolos al presente. Es decir, siendo conscientes de que las decisiones que hoy tomamos o evitamos tomar están ya conformando un futuro. En cierta medida, es reconocer la falta de incidencia del cortoplacismo sobre el tiempo del devenir, pues toda decisión que se tome o se deje de tomar tiene en realidad consecuencias a medio y largo plazo. Si una alcaldesa no peatonaliza el centro de su ciudad pensando en que, en el corto plazo —en cuatro años de mandato—, puede ser penalizada por un electorado molesto por no poder acudir a cenar con el coche hasta la puerta del restaurante, está prefigurando un futuro también: el que supone tener más contaminación y menos salud. Si, por el contrario, esa alcaldesa decide limitar el uso del coche en algunos espacios de la ciudad, potenciar carriles bici e invertir en transporte público, estará construyendo un futuro más saludable y próspero. El futuro está en cada decisión que se toma o se evita tomar. Es a lo que nos referimos cuando hablamos de «gobernanza anticipatoria», es decir, la incorporación del largo plazo a la toma de decisiones políticas de forma consciente.

A esta gobernanza se dedican las comisiones parlamentarias del futuro que se están poniendo en marcha en distintos países del mundo: Tailandia, Singapur, Australia, Vietnam, Uruguay, Polonia, Filipinas, Islandia, Finlandia, Estonia, Canadá, Austria, Brasil, y la lista no deja de crecer.[4] Destacan, sobre todo, la Comisión de Desafíos del Futuro del Senado chileno, la única con un rol legislativo, así como la Comisión del Futuro de Finlandia, creada en 1993 con vocación proactiva y responsable de iniciativas de innovación en gobernanza y participación social basadas en alianzas interdisciplinares. En Suecia se llegó a establecer un Ministerio para el Desarrollo Estratégico y la Cooperación Nórdica, que duró apenas catorce meses (de febrero de 2015 a abril de 2016). Recientemente, se ha celebrado en Chile la III Cumbre Mundial de Comisiones Parlamentarias del Futuro, organizada conjuntamente por el Senado de dicho país y la Unión Interparlamentaria. En su declaración final hacen suya la definición de «gobernanza anticipatoria» de la UNESCO, entendiendo por tal «el acto de gobernar en el presente para adaptarse a un futuro incierto o para determinarlo», y se comprometen a desarrollarla en las capacidades de cada nación, integrarla en las estrategias nacionales de desarrollo, garantizar que dicha gobernanza contribuya a lograr unas sociedades más justas e inclusivas, fortalecer la capacidad misma de los parlamentos para utilizarla de manera eficaz y emprender acciones parlamentarias para su desarrollo al mismo tiempo que promueven la cooperación interparlamentaria.

Entre las ventajas de esta gobernanza anticipatoria se citan habitualmente la capacidad para prever desafíos, mejorar la toma de decisiones, adaptarse a los cambios, fomentar la innovación, fortalecer la propia gobernanza y ampliar la participación con objeto de recuperar y/o profundizar la confianza de la ciudadanía en las instituciones.[5]

Por otro lado, quienes mejor representan el futuro son aquellos que más van a vivir en él, los jóvenes. En otras partes de este trabajo me he referido ya a este sector de la población. En el mundo de los adultos, los jóvenes inquietan, no se acaban de entender bien algunos de sus planteamientos, constituyen una enmienda permanente a muchas cosas, pero el futuro son ellos. ¿Les estamos facilitando su incorporación a centros de poder, procesos de deliberación, ámbitos de toma de decisión? Recientemente, Reino Unido ha ampliado la edad para votar a los dieciséis años, asunto tabú todavía en buena parte de los países occidentales. ¿No estaríamos reforzando su responsabilidad, ayudándoles a tomar conciencia de la relevancia de lo público, si les permitiéramos votar? No hagamos un *remake* del debate de la República española sobre el voto de las mujeres con la mirada corta de quien piensa que hoy le perjudica. Solo hay que pensar que mañana, quizá, nos puede beneficiar.

Renovar el contrato social en forma de una nueva alianza con el planeta como terreno de juego

«¿Qué es lo que hace que una sociedad funcione armoniosamente, que el conflicto social sea gestionable, que los actores cooperen en el seno de las empresas, las instituciones y las organizaciones civiles, y que la democracia pueda atender los conflictos evitando que se transformen en divisivos? Nuestra respuesta a esta pregunta es que ese pegamento es el contrato social».[6] Quienes dan esta definición del contrato social son Antón Costas y Xosé Carlos Arias, dos economistas preocupados por el desarrollo y la construcción de sociedades inclusivas.

Desde que la formulara Rousseau, la idea de «contrato social» —o «pacto social» como se viene a llamar en sectores más a la izquierda— ha dado lugar a un cúmulo de concepciones con matices diferentes, pero básicamente se trata de un contrato o pacto que señala las reglas de juego subyacentes en una sociedad y el papel que desempeña cada uno de los actores que en él intervienen. De ahí se derivarán no solo pautas de comportamiento, sino también normas morales y, por supuesto, legales.

Probablemente ustedes hayan oído hablar de que estamos asistiendo a una renovación del contrato social. En efecto, la globalización, la financiarización de la economía, la revolución digital y la crisis climática, junto con los fallos evidentes de paradigmas pasados, son factores que nos están obligando a repensar y actualizar ese contrato. Entre otras cosas, porque abarcaba un espacio muy estrecho de la sociedad. Personas con discapacidad, ancianos, niños y niñas, pueblos indígenas, o migrantes, entre otros, quedaron fuera de su ámbito. «De él quedaron excluidos quienes no se consideraron productivos», apunta Cecilia Güemes (2024).[7]

Es hora, por tanto, de reformular ese acuerdo o contrato, cuestionando primero su naturaleza y su propia denominación. Pero, antes de empezar, debemos preguntarnos si tenemos claro de qué hablamos exactamente cuando hablamos de contrato social. Para entenderlo, conviene echar la vista atrás y contemplarlo con perspectiva. La Gran Depresión y la Segunda Guerra Mundial dieron lugar a un contrato social progresista que cristalizó en el Estado social. Unas décadas más tarde, la crisis energética y económica de la década de 1970 dio lugar a otro contrato, esta vez de corte neoliberal, cuyas consecuencias se dejaron notar de forma especial en la gestión de la crisis financiera de 2008, que dejó en Europa cotas de desigualdad que no se conocían desde la Primera Guerra Mundial. Cada uno de estos contratos incluía un reparto de poder, de roles de cada uno de los actores, que hacía que funcionara de la forma debida.

Con la crisis de 2008 y su gestión en Europa mediante políticas de austeridad, el paradigma neoliberal alcanzó su máxima expresión y mostró su capacidad para aniquilar ese pegamento social: incremento de la desigualdad, recuperación económica tardía, aumento del malestar... Salvando todas las distancias, que son muchas, se podría decir que, en cierta medida, lo que en Europa ocurrió entre 2008 y 2018 —con ritmos distintos según cada Estado— ya lo habían experimentado previamente en Chile con las políticas de los Chicago Boys.

Unos años más tarde, en 2020, la pandemia obligó a revisar todos esos presupuestos y movilizó una ingente cantidad de dinero público en todo el mundo para dar con las vacunas. En algunos sitios, como en Europa, la inversión pública sirvió también para armar un «escudo social» con el que proteger a quienes peor lo estaban pasando, evitar el cierre definitivo de las empresas y amortiguar, en la medida de lo posible, la debacle económica que supone parar la actividad productiva. El contrato social neoliberal se resquebrajó por completo y ese es el que ahora, aunque no nos demos cuenta, se está rehaciendo. En qué sentido lo haga es algo que está por determinar.

Superando lo transaccional: del contrato social a la alianza por el futuro

En las últimas décadas han surgido críticas a la idea de «contrato», por considerar que esta noción propia del liberalismo no es la más apropiada para generar una mayor adhesión de la ciudadanía a los sistemas democráticos. En efecto, la figura del contrato alude a un intercambio interesado que difícilmente tendrá impacto en lo que a regeneración democrática se refiere. En su lugar, hay autores que plantean cambiar la idea de «contrato» por la de «alianza», enfatizando así lo que esta tiene de compromiso y aportación solidaria a la comunidad.[8] Esta alianza se entiende que conlleva un reconocimiento recíproco del que se desprende una mayor confianza mutua, lo que a su vez puede ayudar a reforzar el compromiso del ciudadano con el régimen democrático.

La ingeniería y la sociología de las organizaciones, entre otras disciplinas, están ahondando en el significado y factores fundamentales de las alianzas fructíferas, ya que se trata de espacios sujetos a mecanismos particulares. Uno de los campos estudiados ha sido la implementación de la Agenda 2030, dado que

> [...] el Objetivo 17 pretende revitalizar la alianza mundial para el desarrollo sostenible. La Agenda 2030 es universal y exige la implicación de todos los países, tanto desarrollados como en desarrollo, para garantizar que nadie se quede atrás. También requiere la colaboración entre los gobiernos, el sector privado y la sociedad civil. Los Objetivos de Desarrollo Sostenible solo se pueden conseguir con asociaciones mundiales sólidas y cooperación para garantizar que nadie se quede atrás en nuestro camino hacia el desarrollo.[9]

Como factores esenciales de las alianzas planteadas por la Agenda 2030 se suelen señalar su vinculación a una política pública (aunque participen actores ajenos a la Administración), el abordaje de temas complejos (en los sencillos no siempre es necesaria la inversión que requiere una alianza), la articulación de aspiraciones diversas para un cambio transformador, la posibilidad de escalar los cambios aunque al inicio sean muy limitados y la presencia de facilitadores que guíen todo el proceso.[10] No es este el lugar para profundizar en el funcionamiento y dinámicas de estas alianzas, pero quisiera al menos dejar constancia, para quien le interese, de que existe abundante investigación científica y evidencia empírica sobre cómo hacer de las alianzas no solo una declaración de intenciones, sino una forma distinta de abordar los retos que nos rodean.

En efecto, la naturaleza y dimensión de los desafíos del momento, como se ha ido describiendo previamente, apelan más a la idea de alianza que a la de contrato: se trataría de formar alianzas que no operen con una lógica meramente transaccional, sino que creen las condiciones necesarias para que cada uno de los actores aporte y comparta con los demás sus elementos propios sobre la base de una cooperación sin restricciones. Una alianza en la que el diagnóstico, la búsqueda de salidas, la mirada crítica permanente, la evaluación continua y la mejora constante se hagan desde espacios compartidos.

La alianza se entiende, pues, como un sumatorio de fuerzas para lograr un objetivo común y compartido por todos los participantes, un espacio en el que todos suman porque tienen claro el lugar al que quieren llegar, lo que quieren obtener: una meta tan ambiciosa y relevante que hace que el esfuerzo que conlleva siempre trabajar en común merezca la pena. Es, por tanto, mucho más que un contrato, mucho más que un intercambio de una cosa por otra.

Una alianza supone también que ha de haber acuerdo sobre el rol de cada actor. No tiene el mismo papel el Estado, que es la entidad en sí que alberga la legitimidad democrática, que las empresas, las organizaciones de la sociedad civil o quienes crean y gestionan los conocimientos necesarios para el buen desarrollo de la alianza. Estos roles, como se verá más adelante, necesitan ser repensados para poder trabajar en conjunto con un objetivo compartido. Pero, antes de eso, vamos a intentar delimitar nuestra materia de estudio.

El planeta como terreno de juego

Con todo, quizá el cambio más trascendental que esta nueva alianza para el futuro debe asumir es el que hace referencia al espacio que la delimita, al campo de juego donde debe desarrollarse. Porque, si la crisis ambiental es la gran amenaza que enfrenta la humanidad, entonces hay que incorporar al planeta a esa alianza por el futuro y hacerlo de forma que tenga el papel protagonista, convirtiéndolo en el ámbito geográfico, ecológico y humano fuera del cual no es posible acordar nada.

La noción que hasta ahora se ha popularizado de la sostenibilidad como equilibrio entre lo económico, lo social y lo ambiental tiene que evolucionar, pues es evidente que sin ecología no hay economía. Etimológicamente, ambos vienen de la misma raíz, *oikos*; la ecología se encarga del estudio de la casa común y la economía de su administración, lo cual nos dice mucho de su dependencia mutua. En los primeros cursos de Económicas se explica a los estudiantes que la economía es una variable dependiente de la naturaleza, que sin una naturaleza sana no hay economía posible. Apenas se vuelve a insistir en ello a lo largo de su formación.

Es preciso recordarlo y tenerlo presente: el planeta es el terreno de juego en que se desarrolla la economía; no es una pieza más que se halla en equilibrio con lo económico y lo social, sino la base para que estos ámbitos puedan existir. ¿Dónde hay más economía, en un paraje ambientalmente sano o en uno enfermo? Piensen en el Mar Menor en España, en el mar de Aral, en cualquier río contaminado donde apenas hay peces y del que ya no se puede beber. No hay economía posible en entornos presos de la contaminación, afectados por una inundación o arrasados por incendios de sexta generación o por una sequía devastadora. Y si no hay economía posible, tampoco hay una sociedad equitativa, ni un espacio para la convivencia. El planeta es, por tanto, el terreno de juego donde se establece todo lo demás, el perímetro de lo posible. Por eso ningún acuerdo social, político o modelo económico que obvie la base material que supone el planeta debería tener cabida en esa nueva alianza por el futuro.

Repensar el rol de los actores tradicionales

La naturaleza de los desafíos actuales exige repensar el papel de los actores que tradicionalmente han formado parte del contrato social. Cuando se habla de recuperar la centralidad del Estado no se puede pensar únicamente en un Estado que reacciona ante emergencias, dado que las catástrofes se están convirtiendo en habituales, y lo serán más en la medida en que la crisis ambiental avance. Tampoco puede pensarse en un Estado que ocupe todo el espacio público, dado que la magnitud de los desafíos exige el concurso de todos los actores implicados para poder gestionar y generar esa gran argamasa que es el capital social.

El Estado: de «hacer» a «hacer hacer»

Las propuestas que los últimos años se han ido esbozando sobre el Estado relacional y emprendedor pueden ayudar a abordar estos retos.[11] Básicamente se trata de superar la discusión sobre el tamaño del Estado para pasar a debatir su cometido específico. De acuerdo con estos enfoques, la función clave del Estado no es solo «hacer», sino también, y fundamentalmente, «hacer hacer», es decir, desplegar todo su potencial relacional habilitando alianzas, espacios de cocreación y liderazgo compartido para asumir los retos que ningún actor por sí solo es capaz de asumir.

Si el más poderoso Estado del mundo quisiera descarbonizar él solo, sin contar con ningún otro actor, el sistema energético, fracasaría estrepitosamente. Podría legislar como quien agita una varita mágica, pero necesitaría tecnología que desarrolle energías limpias, inversores que apuesten, proveedores de todos los materiales necesarios y una sociedad que entienda el sentido de la transformación y esté dispuesta a hacerla suya. Hagan la prueba con cualquier otro de los actores y verán que sucede lo mismo.

Ahora bien, esto no significa que todos los actores tengan el mismo peso ni el mismo papel: es el Estado nacional el que tiene la legitimidad democrática para liderar estos procesos, para crear los espacios compartidos de deliberación e, incluso, para garantizar que se dan las condiciones necesarias para que cada cual pueda desempeñar su papel.

En cierta manera, esto ya se vio con el desarrollo de las vacunas de la covid-19. Para lograrlo, hizo falta que muy diversos actores pusieran en común sus destrezas y recursos: una investigación básica financiada con dinero público durante décadas, la innovación impulsada por las farmacéuticas, una importante movilización de recursos públicos y privados, una cooperación internacional al máximo nivel y una sociedad dispuesta a colaborar, con más voluntarios que nunca para participar en las pruebas correspondientes. Las vacunas de la covid-19 se obtuvieron en menos de un año. La vacuna que se había conseguido antes de forma más rápida fue la del ébola, y necesitó cinco años. Claro, no golpeaba por igual a todas las partes del planeta.

El rol político de las empresas

También el papel de las empresas ha cambiado. Se venía advirtiendo ya en distintos estudios en los que se iba subrayando la intervención en el plano político que la opinión pública le reclama de forma cada vez más clara al sector privado. Una vez más, si acudimos a la pandemia, podremos entender hasta dónde llega todo esto. Como se pudo ver en esos meses, en una sociedad enferma —la de la pandemia sin duda lo era—, las empresas sufren: cierres, paradas temporales, caída de la demanda, etc. En definitiva, el sector privado, como parte de una sociedad, está sometido a sus vaivenes. Sin embargo, en una sociedad sana, las empresas tienen muchas más posibilidades de crecer y desarrollarse. De la misma manera, las empresas más exitosas son aquellas que han sabido entender mejor su realidad, que han comprendido que dependen de la sociedad en que están inmersas y que han incorporado valores morales.[12] La literatura que desarrolla lo que primero se llamó «responsabilidad social», luego «responsabilidad social corporativa» y, en su versión más reciente, criterios ESG es muy abundante, pero todo apunta en la misma dirección: se subraya que el modo de actuar de las empresas construye sociedad, y que, por lo tanto, tienen una responsabilidad para con ella, de la misma manera que esa misma sociedad demanda a las empresas una serie de comportamientos en función de los valores del momento.

Todos los años Larry Fink, presidente y director ejecutivo de BlackRock —con más de diez billones de dólares en activos—, envía una carta a los inversores para hacerles partícipes de sus objetivos y orientación empresarial, toda una guía que ningún inversor deja de leer. En 2020, el tema central de esta misiva fue el cambio climático y la necesidad de invertir en energías verdes para favorecer la transición ecológica. Eran tiempos en los que no había compañía, fondo de inversión o ejecutivo que no incluyera los principios de ESG en sus estrategias y análisis, ni escuela de negocios que no les dedicara una parte relevante de su temario.

Hace unos años, algo empezó a cambiar. El trumpismo y sus corifeos vieron en los criterios ESG un reflejo de la cultura *woke* y se lanzaron contra ellos. Líderes políticos y empresariales alzaron la voz contra aquellos compromisos y los tildaron de herramienta política al servicio del fundamentalismo climático y de ese globalismo elitista que dicen combatir. El gobernador de Florida, Ron DeSantis, afirmó que los criterios ESG amenazaban «la economía estadounidense, la libertad económica individual y nuestra forma de vida»; los republicanos presentaron una propuesta en Nuevo Hampshire que preveía penas de hasta veinte años de cárcel por guiarse por criterios ESG al gestionar fondos públicos, y los lobistas conservadores hicieron de esta batalla su ofensiva preferente. En lo que ya se conoce como *ESG backlash*, la derecha norteamericana más radical ha utilizado desde acusaciones de *greenwashing* hasta el argumento de la pérdida manifiesta de rentabilidad, algo más que dudoso si se analiza el recorrido de los bonos verdes, que continúan al alza.

Como resultado se ha presionado y en ocasiones amenazado a las corporaciones para que abandonen cualquier mención a estos criterios. El propio Larry Fink, el mismo que llamaba a desinvertir en aquello que supusiera un riesgo en materia de sostenibilidad, en posteriores cartas fue relativizando su compromiso, especialmente su énfasis en los aspectos climáticos, llegando a pedir en sus últimas misivas una ralentización de la transición.

El gigante de los fondos de inversión BlackRock anunció a principios de 2025 que abandonaba Net Zero Asset Managers, el gran grupo de inversión en industrias comprometidas con el objetivo de cero emisiones netas en 2050. Lo hacía, paradójicamente, mientras Los Ángeles ardía por los múltiples incendios amplificados por la crisis climática y el mismo día que Copernicus, el programa europeo de observación de la Tierra, certificaba que 2024 había batido récords de temperaturas por décimo año consecutivo.

Es posible que esta retirada no se produzca en las inversiones que tienen que ver con la economía verde por los enormes beneficios que da, pero no está pasando lo mismo con las políticas de igualdad o diversidad. En Estados Unidos, quien exhiba estrategias para fomentar la igualdad o gestionar la diversidad se enfrenta a multas y represalias. Incluso las empresas estadounidenses que operan en el extranjero se están viendo sometidas a esta presión.

Por eso es imprescindible volver a las preguntas esenciales que nos permitan recordar el porqué de las cosas. Si, como antes se mencionaba, las empresas crecen y se desarrollan mejor en sociedades sanas, urge preguntarse qué es una sociedad sana y qué es una sociedad enferma. Este es un debate crucial para la reconfiguración del contrato social que admite ópticas distintas, pero piensen: ¿una sociedad es más sana con más o menos desigualdad? ¿Un ecosistema sano genera más o menos economía? ¿Una sociedad es más sana si parte de la diversidad y la pluralidad, o si deja en los márgenes a quienes no se atienen a un cierto patrón? Estoy segura de que la coincidencia en la respuesta a estas preguntas es muy alta. Sin embargo, si profundizáramos en una discusión, enseguida encontraríamos diferencias de calado. ¡Hagámoslo, abordemos estas cuestiones de fondo, que son las que nos pueden ayudar a entender cómo queremos convivir! Exploremos cuánta desigualdad estamos dispuestos a admitir y cuánta resisten las democracias. Discutamos qué riesgo ambiental queremos asumir y si estamos dispuestos a pagar el coste de no actuar contra la crisis climática. Debatamos sobre cómo hacer de la inclusión un eje de la convivencia sin que eso genere malestar o sensación de agravio en quienes siempre se han considerado mayoría. Estos son debates fundamentales que necesitamos y merecemos tener como sociedad, y las empresas no pueden quedar al margen. Porque, en efecto, también tienen un rol político.

La sociedad civil, donde se generan los consensos

La sociedad civil ha de repensar también su papel. A diferencia de los partidos políticos, que funcionan bajo una lógica de competencia (si votas a A no votas a B), la sociedad civil es un espacio de colaboración y generación de consensos. Cuando estos se producen, no hay estrategia política capaz de pararlos. Todos los cambios sociales que se han ido dando en sociedades democráticas han partido de ahí, de la construcción de consensos previos en la sociedad civil: leyes antitabaco, endurecimiento de normativas contra los accidentes de tráfico, políticas de igualdad... Cuando no han generado reacciones contrarias masivas es porque antes se había trabado un consenso desde los espacios de la sociedad civil organizada que había conseguido llegar a la ciudadanía. Es a lo que se refiere Urbinati cuando habla de la política como estrategia de mediaciones entre sociedad civil y partidos políticos.[13]

En España, en una legislatura con una mayoría parlamentaria del Gobierno muy precaria y con un entorno político enormemente crispado, más de novecientas organizaciones sociales de un amplísimo espectro ideológico lanzaron una iniciativa legislativa popular para iniciar una vía de regularización de personas que, venidas de otros países, trabajan con y para nosotros. Consiguieron reunir más de seiscientas mil firmas en un proceso farragoso y tremendamente exigente en sus requisitos, y empujar así a todos los grupos políticos, salvo a la ultraderecha de Vox, a admitirla a trámite. Un tiempo antes, las organizaciones de personas con discapacidad consiguieron el consenso —nuevamente, sin Vox— para reformar el artículo 49 de la Constitución, eliminar el término *disminuidos* y ampliar los derechos de este colectivo. En otro plano, dos mil quinientas mujeres suizas de adscripción ideológica diversa lograron que el Tribunal Europeo de Derechos Humanos dictaminara que Suiza vulneró el artículo 8 del Convenio Europeo de Derechos Humanos, que consagra el derecho al respeto de la vida privada y familiar, al no tomar medidas ambiciosas contra el cambio climático. Existen numerosos ejemplos; solo hay que buscarlos.

Nuevas claves: conocimiento, visión global y mirada hacia delante

Recordemos las características comunes de los grandes desafíos del momento que hemos resaltado antes: todos requieren del cúmulo de conocimientos disponibles; todos son globales y necesitan abordarse como tales; y la manera como se gestionen en el presente determinará en buena medida el futuro.

Si somos conscientes de la complejidad de los desafíos, y eso hace que nos atemoricen especialmente, no podemos sino demandar que el mundo del conocimiento tenga un papel destacado en el nuevo contrato social, al menos en dos sentidos: por un lado, para acotar los espacios de incertidumbre, y, por otro, para enseñarnos a vivir con ella, admitiendo los límites del conocimiento sin que ello devenga en un terror que nos vuelve más vulnerables y nos convierte en víctimas propiciatorias de discursos autoritarios disfrazados de protectores. Lo que necesitamos es un conocimiento para la transformación social que sea capaz de interlocutar con las distintas disciplinas y asimismo con otros actores para abordar los retos pendientes. Es decir, un modelo dialógico en el que las personas expertas de todas las disciplinas afectadas trabajen conjuntamente y dialoguen con las instituciones, con la sociedad civil y con los demás actores en una aproximación conjunta tanto en el diagnóstico como en la identificación de propuestas. El modelo del IPCC, el panel de expertos que asesora a Naciones Unidas sobre cambio climático, que reúne a especialistas de distintas disciplinas y representantes de los gobiernos, da algunas pistas. No es perfecto y tiene notables carencias que han sido señaladas en multitud de ocasiones, pero presenta muchos elementos positivos que no deben pasarse por alto.[14]

Otra de las características que comparten los grandes retos que tenemos por delante como humanidad es que son todos de carácter global, lo que no significa que no sean de nadie, sino que necesitan de la acción de todos y de todas. Como ya afirmó Apel,[15] si las consecuencias de la ciencia y de la tecnología son ya planetarias, debemos tener una ética universal que sea capaz, respetando la pluralidad, de garantizar la justicia. Hoy sabemos que no solo la ciencia y la tecnología tienen efectos en el conjunto del planeta. También la crisis climática, una pandemia o ciertas decisiones económicas o políticas pueden llegar a generar efectos en todo el globo. La interdependencia del mundo actual se manifiesta en cada transacción financiera, en los impactos de la evolución de la tecnología y, cómo no, en la crisis ambiental. Sabemos bien que todo está relacionado. Por lo tanto, cualquier contrato social debe partir de una visión y una vocación de globalidad. Pero dicha visión no tiene por qué incorporar un elemento de homogeneización sobre lo global, sino que forzosamente, para ser eficaz, tendrá que partir de la pluralidad y la diversidad de lo local.

Encontrar una forma de conciliar la perspectiva global y la concreción de lo local ayudará a comprender que lo común, lo que pertenece a todos, es también de cada cual, y este entendimiento impedirá que se diluya la responsabilidad de lo que se antoja demasiado grande.

Por último, la reconfiguración del nuevo contrato social en una nueva alianza para el futuro implica necesariamente mirar hacia delante y reconocer que ya no se trata de acordar entre los presentes, sino que es preciso dar voz también a quienes heredarán la casa común, garantizando su presencia en la toma de decisiones. Los problemas que hoy sufrimos debido a la degradación ambiental no son solo imputables a los individuos de nuestro presente, sino que arrastran las repercusiones de generaciones anteriores. Las consecuencias de lo que hoy hagamos —o dejemos de hacer— las pagarán los que vengan detrás. No debería volver a pasar. Como se ha visto, existen ya experiencias sobre ministerios del futuro y entidades similares que ofrecen buenas pistas.

No pregúntes qué va a pasar, pregúntate qué vamos a hacer

Salvo para los adeptos al determinismo, que se empeñan en negar la existencia de la libertad, la autonomía y el sentido de la política, el futuro no está escrito. Dejarlo al albur de fuerzas desconocidas es una dejación de responsabilidades y signo de pereza intelectual. El futuro será lo que queramos que sea de acuerdo con la correlación de fuerzas del momento. Como se decía anteriormente, el futuro es un terreno en disputa. La pregunta, por lo tanto, no es «¿qué va a pasar?», sino «¿qué vamos a hacer?».

La mera enunciación de este interrogante supone reconocer la capacidad que tenemos de hacer que las cosas ocurran. Como ha pasado en momentos de grandes movilizaciones —aquel Mayo francés del 68, el más reciente 15M, la irrupción del movimiento feminista...—, es importante que volvamos a tomar conciencia de que, si nos lo proponemos, podemos llevar adelante nuestras demandas. En ocasiones mediante decisiones individuales, casi siempre de forma colectiva, y siempre y en todo lugar, siendo conscientes de nuestra potencialidad. Según la posición de cada cual, ya sea en forma de movilización o de propuesta o protesta organizada, podemos recuperar esa concienciación que ayudará a construir una sociedad y una política más acordes a los valores de los que nos sentimos orgullosos.

La que aquí se ha planteado es una propuesta para articular una alianza en la que se construyan esos futuros deseables. Podría parecer que es, una vez más, algo lejano, abstracto, propio de élites globales. Sin embargo, esas alianzas necesitan articularse en todos los espacios: en lo local, dentro del amplio margen de los Estados, en mesas multilaterales. Pero también en cada centro de trabajo, cada comunidad de vecinos, cada escuela o universidad. En definitiva, en cada espacio de convivencia.

Y bien, ¿qué vamos a hacer?

No esperen encontrar aquí ninguna receta mágica. Si existe, que lo dudo, no soy yo quien la tiene. Es más, creo que nadie está en posesión de ella y, a mi juicio, solo podremos construirla —que no encontrarla, cual si fuera un tesoro oculto— entre todos y todas, como se ha venido defendiendo, con la humildad que da ser conscientes de que nos enfrentamos a desafíos que nunca antes habíamos abordado, y deseando equivocarnos pronto en nuestra aproximación, porque cuanto antes lo hagamos, antes hallaremos caminos exitosos. Esto implica, por tanto, una actitud de evaluación continua, de emprender una senda y estar permanentemente valorando si nos lleva al sitio adecuado o, por el contrario, necesita correcciones. Humildad y honestidad intelectual.

Quizá usted piense que esto no le interpela directamente. Permítame que lo dude. Aquí unos cuantos ejemplos, sin ninguna vocación de exhaustividad, para convencerle de lo contrario.

Si usted es un responsable público...

Recuerde que la confianza que la ciudadanía deposita en su trabajo tiene mucho que ver con su eficacia y honestidad. Lo primero apunta directamente al campo de las políticas públicas. Volver a poner en el centro las buenas medidas políticas, invertir tiempo en evaluar los logros, corregir lo que no funcione de la mejor manera, poner en valor lo conseguido: todo eso le ayudará, sin duda. No olvide que en un momento marcado por la incertidumbre y el miedo, usted necesita generar seguridad, una idea de seguridad que debe ser repensada. Para ello es imprescindible que atesore una buena dosis de confianza, que hoy no tiene.

La desigualdad es, probablemente, el gran enemigo a combatir. Ese que genera un malestar de fondo que se proyecta después en forma de múltiples descontentos. En esta batalla —recuerde— habrá que incorporar los nuevos desafíos: tanto la transición ecológica como la revolución digital o la gestión del fenómeno migratorio, si no se aplican medidas que lo eviten, tienden a incrementar la desigualdad, así que póngalos en el centro de sus políticas.

El segundo factor que le ayudará a recuperar la confianza o que, por el contrario, seguirá minándola es la corrupción. Obama inició en 2008 una línea de actuación que llamó el «gobierno abierto», toda una apuesta para repensar la Administración pública, las instituciones representativas y el poder ejecutivo sobre la base de tres ejes: transparencia, participación ciudadana y colaboración. Esta última dimensión, la de la colaboración, es clave para usted, y le animo a que la lidere. No olvide que, tal y como ha apuntado Mazzucato, los problemas de hoy necesitan de la colaboración de múltiples actores. Pero es usted como concejal, como diputada o gobernador quien tiene la legitimidad democrática para construir esos espacios de colaboración y liderarlos. Un liderazgo relacional que intente dar cabida a todos los actores para conseguir diagnósticos compartidos y soluciones acordadas.

Entre los principios del gobierno abierto se incluye también la rendición de cuentas; algo clave para poner en valor las políticas adoptadas, los esfuerzos acometidos y sus resultados. En esta materia se ha avanzado notablemente en los últimos años. En España, sin ir más lejos, en 2020 el presidente Sánchez puso en marcha el programa Cumpliendo, un ejercicio minucioso y sistemático de rendición de cuentas que, sin embargo, no consigue llegar a la ciudadanía. Recuerde que tan importante es rellenar la hoja de cumplimiento de objetivos con rigor como que esto llegue a ser conocido y entendido por la ciudadanía, la gran asignatura pendiente de muchas de estas iniciativas.

Con todo, estos esfuerzos no darán buenos frutos si aparecen casos de corrupción. En 2011, y en plena crisis económica, al malestar generado por los recortes, la falta de empleo, el incremento de la desigualdad y la incapacidad política para hacerle frente se unió, en países como España, un aluvión de noticias de corrupción. ¿Quién iba a confiar en la política en estas condiciones? Nadie puede afirmar de manera rotunda que en su partido o su Administración no vaya a haber ningún caso de corrupción, pero puede adoptar muchas medidas para evitar que ocurra. No son lo mismo países con malas prácticas, corruptelas o corrupción extendidas en el conjunto del espacio público que aquellos donde se sitúan fundamentalmente alrededor de élites políticas, económicas y administrativas. Para cada caso hay tratamientos distintos que aplicar, y es imprescindible hacerlo y que se entienda como tal.

Si usted es un empresario o un directivo de una empresa de cualquier sector...

Usted sabe bien que los tiempos en que el proceder de las empresas era considerado algo «privado» al margen del escrutinio y la valoración pública han pasado. Quizá su empresa ya dispone de un departamento de ESG, o quizá se haya quedado en los tiempos de la responsabilidad social corporativa. Si ustedes se han quedado muy atrás, probablemente no hayan pasado de concebir la responsabilidad social como mero maquillaje o como una tarea más del siempre sobrecargado departamento de comunicación. Si están en ese momento, es que jamás llegaron a entender que la responsabilidad social, o ESG, no va de cómo te gastas el dinero (esto es, donaciones puntuales a ONG u organizaciones similares), sino de cómo lo ganas, es decir, de qué criterios aplicas en el corazón del negocio.

Hoy saben, porque lo experimentan cada día, que los problemas de una sociedad les afectan directamente. Como se decía páginas atrás, en una sociedad enferma las empresas tienen más posibilidades de enfermar y fenecer; sin embargo, en una sociedad sana, las empresas —también la suya— tienen más opciones de prosperar y crecer. Podemos debatir acerca de qué significa que una sociedad esté «enferma» o «sana» —seguro que se le presentan estos debates a menudo—, pero hay cosas que ya están claras. Aparte de cumplir con la ley —que, como sabe, es algo fuera de duda—, si usted limita la ratio que hay en su compañía entre el trabajador que más cobra y el que menos, estará construyendo una sociedad más igualitaria. Si, por el contrario, es ajeno a estos criterios, ya lo sabe: la desigualdad será mayor; y, por cierto, su país, más inseguro; y, posiblemente, a medio y largo plazo, su negocio será también menos rentable. Recuerde lo que ocurre cuando los trabajadores no tienen poder adquisitivo para comprar los productos que se fabrican, o cuando los camareros de los enclaves más turísticos no pueden pagarse un alquiler en la ciudad donde trabajan, o cuando la seguridad salta por los aires. Todo se desmorona.

Para poner en marcha estas medidas, ustedes disponen de instrumentos muy potentes. Desde las estrategias comerciales hasta los bonus de los directivos, pasando por los criterios con los que eligen a los miembros de su consejo de administración. ¿Han comprobado si representan toda la pluralidad que hoy se necesita para entender el mundo en el que viven?

Por último, y no menos importante: si la confianza en los políticos tiene mucho que ver con los fenómenos de corrupción, su reputación también está en juego en este aspecto. Cada vez se pone más en el foco a individuos corruptos y corruptores. Poner los medios para que estos comportamientos no se den en su empresa es algo al alcance de cualquier consejo de administración. Su sociedad, su país y la reputación de su empresa lo agradecerán.

Lo mismo puede decirse del impacto que su compañía tiene sobre el entorno o el medio ambiente, un aspecto que la ciudadanía cada vez valora más, principalmente cuando se trata de su ámbito más cercano, su localidad. Tanto es así que ahora las empresas necesitan una «licencia social para operar» (puede que usted haya oído hablar de ello, quizá a través de empresas que operan en Latinoamérica). Sí, significa eso que usted intuye: que cualquier proyecto empresarial se dificulta sobremanera si no cuenta con el acuerdo del territorio en el que actúa, y que es necesario contar con ese acuerdo para que las iniciativas salgan adelante. No se equivoque, ya no se trata solo de compensar daños o de patrocinar las fiestas locales o al equipo de fútbol del pueblo a cambio de paz social. No, es otra cosa. Se trata de entender que la empresa ha de tener un propósito y crear valor compartido ahí donde opera.

Si usted es un especialista, eso que llaman una «persona experta»...

Sea cual sea su campo de investigación, seguro que su conocimiento es clave para afrontar muchos de los retos del momento y los que están por venir. Hasta ahora usted gozaba de prestigio social, de reconocimiento, y sus palabras solían ser «argumento de autoridad». Actualmente, como bien sabe, todo esto ha cambiado. Arrastrados por las *fake news* y las falsedades que han inundado la conversación pública, en muchas ocasiones se confunde la información y los hechos ciertos con la opinión. En este contexto, aunque a usted y a sus colegas les resulte increíble, el conocimiento experto pasa a ser objeto de sospecha o es criticado y atacado desde posiciones simplistas e irracionales. La crisis de confianza también ha llegado a las universidades, los centros de investigación, los *think tanks* o los expertos de cualquier materia.

Recuperar esa credibilidad y confianza es fundamental para su trabajo y para el conjunto de la sociedad. Para ello necesita de la colaboración y complicidad de otras personas que participan en la conversación pública. Pero hay algo que pueden hacer usted y sus compañeros: poner su conocimiento al servicio de la transformación social, a disposición de estructuras de colaboración para aportar y construir juntos; un conocimiento que se nutra de otros especialistas, quizás ajenos a la materia, pero con los que necesita entenderse y colaborar para diagnosticar un problema e identificar posibles salidas.

No solo tendrá que hablar con personas expertas de otras disciplinas; también necesitará sentarse con las entidades o individuos que tengan algo que ver con el asunto que usted está trabajando, ya sea la Administración pública, las organizaciones sociales, el sector privado o cualquier ciudadano o ciudadana de a pie, aunque no tengan su experiencia. Si cree que hay que modificar la forma de plantear los cultivos en el Mediterráneo para que sean más resilientes al cambio climático y aguanten mejor la siguiente dana, tendrá que escuchar, comprender y trabajar con los agricultores. Si considera que la inteligencia artificial puede aportar ventajas en el ámbito educativo, tendrá que acudir a los centros de primaria, secundaria y a las facultades y entender los miedos y dificultades de estudiantes, familias y docentes, y ponerse a su disposición. Podría poner infinitos ejemplos, pero usted ya me entiende, ¿verdad?

Si usted es juez, jueza, magistrado o magistrada...

Con la venia, si usted tiene como oficio administrar justicia, sabe perfectamente lo relevante de su profesión para el funcionamiento del conjunto del sistema democrático. Conoce como nadie los principios del derecho y las bases sobre las que se construye la democracia. Sabe, porque así lo dicen todos los manuales, que si la ciudadanía no confía en la justicia y en su independencia, algo se quiebra en las legitimidades democráticas.

Nadie tiene derecho a pedirle que no profese ninguna ideología —¡faltaría más!, es usted un ciudadano libre y, por tanto, portador de valores y de principios ideológicos—, pero sí a demandarle que administre justicia con la mayor objetividad posible y que respete la separación de poderes tanto como usted exige respeto a su propio poder. Recuerde que en democracia, para que las cosas funcionen, cada uno ha de cumplir con su papel de acuerdo con los procedimientos establecidos, sin excederse en ningún momento. Si ese equilibrio no se respeta, el sistema saltará por los aires.

Su oficio le obliga a enfrentarse a diario a dudas, incertidumbres e incógnitas. Sean cuales sean las cuestiones, es fundamental que el conjunto de la ciudadanía las entienda, especialmente en aquellos procesos más mediáticos o que tienen o pueden tener repercusiones en el ámbito político. Haga, por favor, un esfuerzo pedagógico para que la justicia, que emana del pueblo, vuelva a él de forma comprensible.

No olvide, por otro lado, que, como figuras de poder que son, los jueces tienen que rendir cuentas de su trabajo y sus funciones. Con absoluto respeto a su independencia —eso nadie lo pone en duda—, pero hagan el favor de diseñar mecanismos, como han hecho sus colegas en algunos países, que les permitan rendir cuentas a la ciudadanía, y, por supuesto, cuando haya que ejercer la potestad disciplinaria, que a los órganos encargados de hacerlo en cada país no les tiemble la mano. Tienen ustedes en su poder un asunto muy delicado: la confianza de la ciudadanía nada menos que en la justicia, una de las razones de ser de las democracias.

Si usted es periodista y tiene la suerte de ejercer su profesión en un medio de comunicación...

No olvide aquella consigna que lanzaron hace unos años las asociaciones de periodistas, «sin periodismo no hay democracia». En efecto, la suya es una profesión singular, especialmente si trabaja para un medio de comunicación privado, muy probablemente gestionado bajo los parámetros habituales del mundo empresarial. El suyo no es un oficio cualquiera: es usted un actor clave de la democracia, todo un agente de democracia.

Quizá en la facultad no hayan insistido suficientemente en ello, pero cuando usted decide lo que es noticia y lo que no, cuando establece el enfoque que quiere darle a eso que ha decidido previamente que es noticiable, cuando subraya unos elementos y no otros, está creando la materia prima de la conversación pública; la misma que hemos dicho anteriormente que es una de las partes básicas del sistema democrático. Si, por su mala praxis —o la de su director—, esa noticia no responde a los criterios de veracidad que sus profesores explicaban, está dominada por el sesgo ideológico de su medio, confunde información con opinión, oculta datos relevantes o no permite entender exactamente lo que se quiere contar, la materia prima que alimenta la conversación pública se hallará contaminada y, con ella, la propia democracia.

Usted, querida amiga, querido amigo, sabe bien, porque lo sufre a diario, que su público cada día le concede menos credibilidad. A ello se añade que suele ser blanco habitual de las críticas tanto de los poderosos —que no dudarán en acusarle de mentir cuando sus informaciones no respondan a sus intereses— como de la sociedad en general, que muy a menudo lo tacha de embustero. Usted conoce mejor que nadie lo importante y difícil que es recuperar la credibilidad cuando se ha perdido, sobre todo en un oficio como el suyo, que vive exactamente de eso, de la credibilidad.

Todo esto, además, lo sufren ustedes en medio de una crisis de credibilidad periodística, pero también tecnológica, económica y financiera. Sus salarios y condiciones laborales resultan escandalosos para quienes ejercían la misma profesión hace décadas, y las expectativas de futuro no son nada halagüeñas.

Sería, ciertamente, un poco injusto cargarle con más responsabilidad de la que le corresponde. Porque los periodistas por sí solos no pueden abordar todos los males de nuestras democracias. Sin embargo, sin ustedes no hay posibilidad alguna de éxito. Su trabajo es imprescindible para acometer los desafíos a los que hoy nos enfrentamos. Háganlo sin miedo, cumplan su vocación de servicio público.

Si usted es un funcionario o trabajador público...

En primer lugar, enhorabuena. De una u otra forma, que usted trabaje para una Administración pública quiere decir que dispone de unos conocimientos o unas destrezas que ha demostrado en ejercicios y exámenes que no tienen nada de fáciles. Y, en ocasiones, no son siquiera pertinentes, pues, como usted bien conoce, raras veces esos procesos miden y comprueban aquellas destrezas, habilidades y conocimientos que luego son esenciales para el desempeño de la función requerida. Haría bien usted, junto con otros compañeros, en plantear las reformas necesarias al respecto.

En cualquier caso, usted trabaja para la Administración pública y en muchos momentos es usted la cara visible de lo institucional, el rostro que se encuentra cualquier ciudadano cuando tiene que empadronarse, dar de alta una actividad económica o pedir una licencia de obras para arreglar su vivienda. Una parte importante de la percepción que la ciudadanía tenga del Estado, de lo público en general, se construirá a partir de la relación que haya establecido con ustedes, los funcionarios: si han tratado ustedes a quienes les han requerido con respeto y amabilidad, si han entendido lo que les pedían, si han sido diligentes...; en definitiva, si ustedes han sido una ayuda o, más bien, un obstáculo de tomo y lomo.

Recuerde aquel episodio de *Astérix y Obélix* titulado «La casa que enloquece», en el que un incauto ciudadano acaba enloqueciendo porque se afana en cumplir un trámite administrativo. Usted es, en buena medida, el garante de que eso no ocurra. En algunos casos serán asuntos de su entera competencia; en otros necesitará que los responsables políticos tomen decisiones. En ambas situaciones, es usted quien mejor conoce el día a día y las necesidades de sus administrados y quien puede hacer que la percepción de lo público mejore o empeore. La Administración pública tiene mucho margen de mejora, y usted lo sabe más que nadie, pero la buena noticia es que el conjunto de las sociedades están esperando esto de ustedes.

Si usted, querido ciudadano, querida ciudadana, se considera eso, un ciudadano...

Recuerde que la política en general, y más la política en democracia, es algo demasiado importante para dejarla (únicamente) en manos de los políticos. De hecho, es una irresponsabilidad hacerlo. No porque tengamos que desconfiar de ellos por principio, sino porque pensar que, en el contexto actual, con todas las dificultades existentes, ellos solos pueden hacer frente a los desafíos del momento es una pura ingenuidad. Probablemente usted piense que todos esos problemas le vienen grandes y se siente incapaz de afrontar esos desafíos que ni siquiera entiende bien. No se preocupe. En las democracias, en especial en las más avanzadas, actores sociales como los sindicatos, las entidades empresariales y otras organizaciones de la sociedad civil participan habitualmente en foros de debate y deliberación que les permiten entender mejor los desafíos del momento y tienen mecanismos para hacer llegar sus ideas, opiniones e intereses legítimos a las instituciones. ¿Por qué no considera unirse a algunas de estas organizaciones? El tejido social, eso que llamamos el entramado del capital social, es fundamental para construir sociedades más cohesionadas y más igualitarias, donde los malestares puedan prevenirse y, llegado el caso, gestionarse. Es, también, una necesidad de las sociedades democráticas para ser consideradas como tales. «Sin sociedad democrática no hay política democrática», subrayaba el politólogo y exministro de Universidades Joan Subirats en 2011, en plena emergencia del 15M en España. Háganle caso. La democracia necesita de una sociedad civil activa y participativa. Y usted, a buen seguro, también. Necesita participar en el AMPA del colegio de sus hijos para valorar si es mejor invertir en más equipos informáticos o más profesorado de apoyo; en su localidad puede aportar ideas sobre cómo reverdecer el barrio para que las olas de calor sean más soportables; o puede hacer oír su voz en el sindicato y debatir cómo podría implantarse la reducción de la jornada laboral. Seguro que no quiere ser un *idiotes*, que es como los griegos llamaban a quienes no mostraban ningún interés en los asuntos públicos.

Todo esto lo descubrieron, por ejemplo, las cien personas que participaron voluntariamente en España en la Asamblea Ciudadana por el Clima que se desarrolló entre 2020 y 2021, y que se articulaba en torno a la pregunta: «¿Cómo hacemos una España más segura y justa ante el cambio climático?». Fue un proceso de deliberación entre un centenar de ciudadanos y ciudadanas sin conocimientos previos sobre cuestiones ambientales que, con el acompañamiento de personas expertas, concibieron 172 recomendaciones para responsables públicos, privados y de la sociedad civil, con porcentajes de acuerdo que rondaban el 90 %. Cuatro años después de terminar su trabajo, buena parte de estos ciudadanos siguen trabajando y movilizándose contra la crisis climática de maneras diferentes. Descubrieron la potencia de la acción colectiva y siguen avanzando por ese camino.

Quizá usted no se encuentre atraído por ninguna entidad ni experiencia de participación o deliberación; o quizá en estos momentos de su vida no disponga de tiempo o energía para asumir estos compromisos. Así y todo, hay dos cosas que puede hacer: la primera, exigir a quien tiene más poder que lo ejerza de forma coherente con los valores y principios que usted defienda. Se suele decir que cada vez que vamos al supermercado es como si emitiéramos un voto, porque optamos por un producto y no por otro. Siempre he pensado que esta visión tiene sus limitaciones, porque pasa por alto que no todos los bolsillos pueden acceder a todos los productos y que estos no se hallan disponibles en todos los comercios. Si mi conciencia ambiental me lleva a consumir productos de agricultura ecológica o de kilómetro cero, necesitaré, al menos, dos cosas: disponer de estos productos en mi tienda de referencia y poder pagarlos. Si estos dos factores se dan, no lo dude: ¡hágalo!

Sin embargo, hay algo que sí podemos hacer todos los ciudadanos y ciudadanas mayores de edad. Supone poco esfuerzo, está —de momento, y espero que no cambie— bien considerado socialmente y le hará sentirse (más) parte de su comunidad: votar. Una acción de transformación más potente de lo que se suele pensar —«total, solo es un voto»— y a la que no se debe renunciar. Quienes no pudieron hacerlo pelearon por ello. Quienes ahora pueden pero saben que no se dan las garantías democráticas mínimas son conscientes de las limitaciones. Recuerde que los partidos políticos, esas extrañas criaturas, en el fondo son máquinas para ganar elecciones y llegar al poder. Hágales llegar ese mensaje que usted tiene tan claro: que no acepta casos de corrupción, que premia la honestidad y las buenas políticas públicas, que le importa su propuesta sobre sostenibilidad, o sobre igualdad, o sobre ambas...; o, al contrario, que no le importan lo más mínimo. Se pueden decir muchas cosas con un voto, no lo olvide.

El historiador y sociólogo francés Pierre Rosanvallon habla en su libro *Le bon gouvernement* de la «democracia de apropiación» como aquella que es capaz de trascender a las instituciones, saltar los muros del congreso, las asambleas nacionales o los ayuntamientos para extenderse al conjunto del espacio público. La democracia, entendida en su acepción más proclive a la deliberación, puede desarrollarse en cada centro escolar, en cada barrio, en cada huerto urbano, en cada consejo comarcal. Y también entre las paredes de cada hogar. ¡Aprópiese de ella, hágala suya!

En resumen

Recuperar la idea de un futuro deseable exige volver a los principios, buscar las razones que nos llevan a vivir juntos, juntas, y recordar la utilidad de la política y de la democracia. No dar nada por hecho ni por sabido, decidir qué queremos poner en común y determinar la mejor manera entre muchas posibles de llevarlo a cabo.

Recordar que los hechos ciertos existen y solo sobre ellos se puede construir una conversación plagada de discrepancia y disenso, llena de matices, de ángulos, análisis y opiniones divergentes, pero que conversa sobre un hecho cierto y, por tanto, común.

Será esa conversación pública la que creará el marco en el que puedan abordarse los retos pendientes, con la transición ecológica, desde mi punto de vista, como el principal desafío al que se enfrenta la humanidad, y de cuya resolución depende que la vida siga siendo posible en el planeta. Una transición que debe estar politizada, es decir, que ha de ser debatida, contrastada, confrontada en sus distintos modelos; con la sociedad como protagonista, estableciendo alianzas entre todos los actores, y con multitud de conocimientos al servicio de la transformación social que necesitamos.

Para que esto sea posible es preciso crear alianzas multiactor, multinivel y transdisciplinares en las que podamos debatir y construir el futuro deseable al que queremos llegar; toda una renovación del contrato social que no se limita al mero contrato transaccional, sino que plantea alianzas de colaboración profunda como método para abordar todos los desafíos del momento, recuperar la confianza y ratificar nuestro compromiso con los valores democráticos dentro de los límites del planeta.

Nadie puede permanecer ajeno a estos desafíos. Los retos que están poniendo en jaque la convivencia y las sociedades democráticas exigen que todos y cada uno de nosotros asumamos nuestra responsabilidad, cada cual desde su lugar y de forma proporcional al poder del que se disponga. En muchas ocasiones habrá que descubrir qué se debe hacer, pero otras veces sabremos intervenir, al menos, en ciertas cuestiones que hay que cambiar. Hagámoslo cuanto antes, activemos el proceso de «ensayo y error» para depurar los métodos, establecer cuáles son más adecuados y construir alternativas.

A modo de conclusión
El lugar al que queremos llegar

Es sabido que vivimos tiempos inciertos que no dejan espacio al futuro. Decenas, cientos, miles de diagnósticos bien afinados lo atestiguan. Quienes estudian la evolución del clima nos advierten de que caminamos por terreno desconocido, pero también nos dicen que estamos a tiempo de parar las peores consecuencias de la crisis climática. Quienes reflexionan sobre la tecnología nos advierten de los peligros cada vez más cercanos y reales que aquella entraña, pero también nos recuerdan que puede ser gobernada y gestionada con los criterios que decidamos. Quienes llevan décadas estudiando los movimientos de personas a lo largo de la historia nos advierten de que los procesos se están acelerando, pero también nos llenan de ejemplos donde se muestra que dichos movimientos suelen llevar aparejados incrementos de desarrollo e innovación. El curso de todo esto depende de las decisiones que tomemos y las que dejemos de tomar.

Sin embargo, en buena parte de las sociedades democráticas, en especial en lo que conocemos como Occidente —aunque no solo—, los malestares acumulados durante más de una década están cristalizando en un ambiente de descontento que lleva a cuestionar los principios de convivencia democráticos. Ante los grandes desafíos de nuestra época, aumenta la desconfianza ciudadana en que tanto las instituciones como los agentes de intermediación, fundamentales en democracia, puedan hacerles frente. La sensación generalizada de que el progreso se ha detenido aniquila la idea de futuro. La crisis de confianza que atraviesan las democracias nos deja solos y desamparados ante dificultades que nos superan y evolucionan a toda velocidad. En este contexto, ¿qué puede hacerse?

Es clave recuperar la confianza en nosotros mismos como comunidad, en las instituciones que nos representan y en quienes intervienen en ellas. Si las instancias que conocemos no nos sirven, si no es posible recuperar la confianza perdida en ellas, habrá que inventar otras. Porque no es cierto que no haya más alternativas; porque el futuro no está escrito y está en nuestra mano construirlo, y porque quienes enarbolan la bandera de la nostalgia nos quieren devolver a un pasado, ese sí, tenebroso. De ahí la necesidad de recuperar la esperanza en un futuro mejor. Ni la historia terminó cuando Fukuyama publicó aquel libro que marcaría una época, ni va a hacerlo ahora. Por eso, el futuro es un espacio en disputa, una batalla —perdonen el lenguaje bélico— que no puede dejar de librarse.

Un futuro que, para empezar, necesita ser imaginado, problematizado, debatido, pensado. De manera colectiva y con concreción, definiendo bien los perfiles. En alianzas a todos los niveles —local, nacional, internacional— y en todos los espacios —en las instituciones, en las empresas, en los centros educativos, en las organizaciones de la sociedad civil—. Haciendo real la gran oportunidad que es la transición ecológica, las enormes posibilidades que brindan los avances tecnológicos puestos al servicio de la humanidad, las ventajas de una sociedad feminista donde tanto nosotras como ellos vivamos mejor y la diversidad, sinónimo de riqueza, que aporta la migración, como la historia nos enseña. Reformulando desde parámetros democráticos conceptos que hoy son incómodos, como el de seguridad. Buena parte de las reacciones sociales se explican analizando cómo buscamos desesperadamente esa seguridad que está en la base de nuestras necesidades. Pero ¿de qué seguridad hablamos, de la que dan los ejércitos o de la que proporcionan las calles llenas de comercios y viandantes? En una buena parte del mundo la principal amenaza a la seguridad no son hoy las bombas ni las invasiones, sino los peligros que encierra la crisis climática, la violencia machista contra las mujeres o los ciberataques. ¿Qué significa, entonces, la seguridad en estas sociedades? Sentir su ausencia es causa clara de malestar, pero ¿dónde la buscamos?

Algo similar ocurre con el deseo, el poder o el dinero —que no dejan de ser tres formas de poder—, conceptos que deben ser repensados en clave de futuro deseable. Necesitamos entender los malestares que dan lugar a ese estado de «sublevación permanente» del que hablaba Foucault, el «antagonismo permanentemente reconstruido contra ese gran significante vacío que es "el poder", la continuidad irresoluble y fluida del malestar».[1] ¿Y si entendiéramos el poder como herramienta para vivir mejor? Fue justamente el poder, o, mejor dicho, la lucha entre poderes, la disputa y la contienda, lo que dio lugar al contrato social de carácter socialdemócrata que hoy miramos con envidia; aunque no tenga ya sentido añorarlo, hemos de tener presente que se hizo realidad y que llevó a Occidente a las mejores cotas de bienestar.

Tampoco la idea de libertad, hoy arrebatada por los neorreaccionarios y la ultraderecha, parece responder a los anhelos y las necesidades de estos tiempos. Una libertad entendida como ausencia de límites, unida al más insolidario de los individualismos, ajena a cualquier atisbo de igualdad, carente de responsabilidad, no puede ser una libertad que nos ayude a ser más felices.

Todo esto debemos abordarlo con rigor, escuchando con toda atención para entender bien las causas del malestar y el descontento, explorando salidas que serán siempre parciales pero no por ello menores, y con la honestidad intelectual de quien sabe que camina por territorio inexplorado. Atrevámonos a equivocarnos y hagámoslo pronto, porque cuanto antes nos equivoquemos, antes daremos con el camino que nos lleve al lugar donde queremos llegar.

Bibliografía

Acemoglu, D., y J. Robinson, *Por qué fracasan los países: Los orígenes del poder, la prosperidad y la pobreza*, Barcelona, Deusto, 2012.

American Political Science Association Task Force, «American Democracy in an Age of Rising Inequality», *Perspectives on Politics*, vol. 2, n.º 4, 2004, págs. 651-666, doi:10.1017/S153759270404040X.

Apel, K. O., *Teoría de la verdad y ética del discurso*, Barcelona, Paidós / ICE-UAB, 1985.

Applebaum, A., *El ocaso de la democracia: La seducción del autoritarismo*, Barcelona, Debate, 2021.

Arendt, H., *Los orígenes del totalitarismo*, Madrid, Alianza, 2006.

—, *La mentira en política*, Madrid, Alianza, 2022.

Arias, X. C., *El tiempo es oro: Economía política del nanosegundo*, Gondomar, Transforma, 2024.

Arias Maldonado, M., *Desde las ruinas del futuro: Teoría política de la pandemia*, Madrid, Taurus, 2020.

Bauman, Z., *Retrotopía*, Barcelona, Paidós, 2017.

Beck, U., *La sociedad del riesgo: Hacia una nueva sociedad*, Barcelona, Paidós, 1998.

—, *¿Qué es la globalización?: Falacias del globalismo, respuestas a la globalización*, Barcelona, Paidós, 2019.

Brown, W., *En las ruinas del neoliberalismo: El ascenso de las políticas antidemocráticas en Occidente*, Madrid, Traficantes de Sueños y Futuro Anterior, 2019.

Castaño, C., y M. Á. Sallé, «Empleos en la era digital: mucho más que empleos digitales», en *Economistas sin fronteras. Transformación digital de la economía: Efectos sobre el trabajo*, Dosieres EsF, n.º 51, 2023.

Chávez Molina, E., y J. Fanta, «El 15M español y el 2001 argentino: Movimientos feministas como herencia de lucha social», en C. Monge, J. A. Bergua, J. Minguijón y D. Pac (coords.), *Tras la indignación: El 15M: miradas desde el presente*, Barcelona, Gedisa, 2021.

CIS, *Estudio sobre audiencias de medios de comunicación social (II)*, 2025, disponible en <https://www.cis.es/-/avance-de-resultados-del-estudio-3511-estudio-sobre-audiencias-de-medios-de-comunicacion-social-ii-?redirect= %2Finicio>.

Coeckelbergh, M., *La filosofía política de la inteligencia artificial*, Madrid, Cátedra, 2023.

Coller, X., *La teatralización de la política en España: Broncas, trifulcas, algarabías*, Madrid, Catarata, 2024.

Comisión Europea, *A Multi-Dimensional Approach to Disinformation: Report of The Independent High Level Group on Fake News and Online Disinformation*, Communications Networks, Content and Technology, Bruselas, European Commission, 2018.

Cortina, A., *Alianza y contrato: Política, ética y religión*, Madrid, Trotta, 2001.

—, *Ética de la empresa: Claves para una nueva cultura empresarial*, Madrid, Trotta, 2008.

—, *Aporofobia, el rechazo al pobre*, Madrid, Paidós, 2017.

—, *¿Ética o ideología de la inteligencia artificial?: El eclipse de la razón comunicativa en una sociedad tecnologizada*, Barcelona, Paidós, 2024.

Costas, A., y X. C. Arias, *Laberintos de prosperidad*, Barcelona, Galaxia Gutenberg, 2021.

Echeverría, J., y L. Almendros, *Tecnopersonas: Cómo las tecnologías nos transforman*, Gijón, Trea, 2020.

Estefanía, J., *Revoluciones: Cincuenta años de rebeldía (1968-2018)*, Barcelona, Galaxia Gutenberg, 2018.

Fernández-Albertos, J., *Antisistema: Desigualdad económica y precariado político*, Madrid, Los Libros de la Catarata, 2018.

Forster, P. M., *et al.*, «Indicators of Global Climate Change 2024: Annual Update of Key Indicators of The State of The Climate System and Human Influence», *Earth System Science Data*, vol. 17, n.º 6, págs. 2641-2680, 2025, <https://doi.org/10.5194/essd-17-2641-2025>.

Forti, S. (ed.), *Mitos y cuentos de la extrema derecha*, Madrid, Los Libros de la Catarata y Fundación Primero de Mayo, 2023.

Fukuyama, F., *The End of History and the Last Man*, Nueva York, Free Press, 1992 (trad. cast.: *El fin de la historia y el último hombre*, Barcelona, Planeta, 1992).

—, *Liberalism and Its Discontents*, Nueva York, Farrar, Straus and Giroux, 2022 (trad. cast.: *El liberalismo y sus desencantados*, Barcelona, Deusto, 2022).

García Villegas, M., «El malestar en América Latina», en C. Güemes (coord.), *Construir futuro: Un contrato social para Iberoamérica*, Madrid, Fundación Carolina, 2024, págs. 41-53.

Giddens, A., *Modernity and Self-Identity: Self and Society in the Late Modern Age*, Standford, Standford University Press, 1991 (trad. cast.: *Modernidad e identidad del yo*, Barcelona, Península, 1997).

Gil-Torres, A., S. Gómez-García y C. San José, «Análisis de los eslóganes de la extrema derecha en la Unión Europea: polarización, provocación y gregarismo en la cuarta ola», *Estudos em Comunicacão*, vol. 2, n.º 39, 2024, doi:10.25768/1646-4974n39v2a01.

Güemes, C. (coord.), *Construir futuro: Un contrato social para Iberoamérica*, Madrid, Fundación Carolina, 2024.

Guilluy, C., *No society: El fin de la clase media occidental*, Madrid, Taurus, 2019.

Gutiérrez-Rubí, A., *Polarización, sociedad y algoritmos: Una radiografía de las nuevas generaciones*, Madrid, Siglo XXI, 2025.

Han, B.-C., *Infocracia: La digitalización y la crisis de la democracia*, Barcelona, Herder, 2022.

Hardin, G., «The Tragedy of Commons», *Science*, vol. 162, n.º 3859, 1968 (trad. cast.: «La tragedia de los comunes», *Gaceta Ecológica*, n.º 37, Instituto Nacional de Ecología, México, 1995).

Hardt, M., y A. Negri, *Multitud: Guerra y democracia en la era del imperio*, Madrid, Debate, 2004.

INJUVE, *Informe Juventud en España 2024: Entre la emergencia y la resiliencia*, Madrid, Instituto de la Juventud, 2025.

Innerarity, D., *La política en tiempos de indignación*, Barcelona, Galaxia Gutenberg, 2015.

—, *Una teoría de la democracia compleja*, Barcelona, Galaxia Gutenberg, 2020.

—, *Una teoría crítica de la inteligencia artificial*, Barcelona, Galaxia Gutenberg, 2025.

Krastev, I., *¿Ya es mañana?: Cómo la pandemia cambiará el mundo*, Barcelona, Debate, 2020.

Lakoff, G., *No pienses en un elefante*, Barcelona, Península, 2007.

Lamo de Espinosa, E., «El mundo tras la tormenta: Como un caracol dentro de su concha», Real Instituto de Estudios Elcano, 2020.

Lassalle, J. M., *Civilización artificial. Sabiduría o sustitución: El dilema humano ante la IA*, Madrid, Arpa, 2024.

Levitsky, S., y D. Ziblatt, *Cómo mueren las democracias*, Barcelona, Ariel, 2018.

MacMillan, M., *La guerra: Cómo nos han marcado los conflictos*, Madrid, Turner, 2021.

Mataix, C., T. Sánchez, J. Lumbreras, J. Moreno y M. Soberón, «Speeding up progress», *SDG Action*, 2021.

Mataix, C., V. Viñuales y M. Martínez, «Las alianzas multiactor en la Agenda 2030», en Instituto Español de Estudios Estratégicos, *Objetivos de Desarrollo Sostenible*, Madrid, Ministerio de Defensa, 2021.

Mazzucato, M., *The Entrepreneurial State*, Londres, Penguin, 2018 (trad. cast.: *El Estado emprendedor*, Barcelona, RBA, 2014).

Mbembe, A., «Necropolitics», *Public Culture*, vol. 15, n.º 1, 2006, págs. 11-40.

Mesa, B., *Los grupos armados del Sahel: Conflicto y economía criminal en el norte de Mali*, Madrid, Los Libros de la Catarata, 2022.

Milanovic, B., *Miradas sobre la desigualdad: De la Revolución francesa al final de la Guerra Fría*, Barcelona, Taurus, 2024.

Monge, C., *15M: Un movimiento político para democratizar la sociedad*, Zaragoza, Prensas de la Universidad de Zaragoza, 2017.

—, *La gran oportunidad: Cómo acelerar la transición ecológica y fortalecer la democracia*, Valencia, Tirant lo Blanch, 2025.

Monge, C., J. A. Bergua, J. Minguijón y D. Pac (coords.), *Tras la indignación. El 15M: miradas desde el presente*, Barcelona, Gedisa, 2021.

Monge, C., y R. Oliván, *Hackear la política*, Barcelona, Gedisa, 2019.

Morin, E., *Cambiemos de vía: Lecciones de la pandemia*, Barcelona, Paidós, 2020.

Mouffe, C., *La paradoja democrática: El peligro del consenso en la política contemporánea,* Barcelona, Gedisa, 2012.

Navarro, J., «"Lobbying": gestionar la influencia», en R. Sánchez Medero (dir.), *Comunicación política: Nuevas dinámicas y ciudadanía permanente*, Madrid, Tecnos, 2016, págs. 225-250.

Newton, K., y S. Zmerli, «Three Forms of Trust and Their Association», *European Political Science Review*, vol. 3, n.º 2, 2011, págs. 169-200, doi:10.1017/S1755773910000330.

Nilan, P., «¿Cómo se explica el atractivo de la extrema derecha entre los jóvenes blancos?», *Anuario Internacional CIDOB*, n.º 1, 2024.

Norris, P., *Trust in Government Redux: The Role of Information Environments and Cognitive Skills*, HKS Faculty Research Working Paper Series, RWP22-001, enero de 2022.

Ortega, A., *Soledad sin solitud*, Oviedo, Nobel, 2025.

Ortega, M., e I. Ertör, «Del 15M y las gobernanzas locales al asalto de la política institucional: Entrevista a Joan Subirats», *Ecología Política: Cuadernos de Debate Internacional*, n.º 49, julio de 2015, págs. 18-

27, <https://portalrecerca.uab.cat/ca/publications/del-15-m-y-las-gobernanzas-locales-al-asalto-de-la-pol%C3%ADtica-insti/>.

Ostrom, E., *Governing the Commons*, Cambridge, Cambridge University Press, 1990 (trad. cast.: *El gobierno de los bienes comunes*, Ciudad de México, Fondo de Cultura Económica, 2015).

Pardo, J. L., *Estudios del malestar: Políticas de autenticidad en las sociedades contemporáneas*, Madrid, Anagrama, 2016.

Piketty, T., *Una breve historia de la igualdad*, Barcelona, Deusto, 2021.

Pinker, S., *En defensa de la Ilustración: Por la razón, la ciencia, el humanismo y el progreso*, Barcelona, Paidós, 2018.

PNUD, *El uso de futuros en los parlamentos. Guía para la acción transformativa*, PNUD LAC PDS, n.º 54, 2024.

Politikon, *La urna rota: La crisis política e institucional del modelo español*, Barcelona, Debate, 2014.

Przeworski, A., *Las crisis de la democracia: ¿Adónde pueden llevarnos el desgaste institucional y la polarización?*, Madrid, Siglo XXI y Clave Intelectual, 2022.

Ramos, R., «Pensar el futuro», en D. Innerarity y E. Robledo (eds.) y C. Monge (coord.), *La humanidad amenazada: ¿Quién se hace cargo del futuro?*, Barcelona, Gedisa, 2023.

Rancière, J., «Las democracias contra la democracia», en J. Bassas (dir.), *Democracia en suspenso*, Madrid, Casus Belli, 2010.

Raventós, D., *La renta básica: Por qué y para qué*, Madrid, Los Libros de la Catarata, 2021.

Raworth, K., *Economía rosquilla: Siete maneras de pensar la economía del siglo XXI*, Barcelona, Paidós, 2018.

Rivera, R., «Derecho al futuro», en D. Innerarity y E. Robledo (eds.) y C. Monge (coord..), *La humanidad amenazada: ¿Quién se hace cargo del futuro?*, Barcelona, Gedisa, 2023.

Rizzi, A., *La era de la revancha*, Barcelona, Anagrama, 2025.

Rodrik, D., *La paradoja de la globalización*, Barcelona, Antoni Bosch, 2012.

Roitman, M., *Los indignados: El rescate de la política*, Madrid, Akal, 2012.

Romanos, E., «Collective Learning Processes within Social Movements. Some Insights into the Spanish 15M/Indignados Movement», en C. Flesher Fominaya y L. Cox. (eds.), *Understanding European Movements: New Social Movements, Global Justice Struggles, Anti-Austerity Protest*, Londres, Routledge, 2013, págs. 203-219.

Rosa, H., *Alienación y aceleración: Hacia una teoría crítica de la temporalidad en la modernidad tardía*, Buenos Aires, Katz, 2012.

Rosanvallon, P., *Le bon gouvernement*, París, Seuil, 2015 (trad. cast.: *El buen gobierno*, Buenos Aires, Manantial, 2015).

Runciman, D., *Así termina la democracia*, Barcelona, Paidós, 2019.

Sánchez Duarte, J. M., y Magallón-Rosa, R., «Desinformación», *Eunomía: Revista en Cultura de la Legalidad*, n.º 24, 2023, págs. 236-249, <https://doi.org/10.20318/eunomia.2023.7663>.

Sánchez-Cuenca, I., *La impotencia democrática: Sobre la crisis política en España*, Madrid, Los Libros de la Catarata, 2014.

—, *El desorden político: Democracias sin intermediación*, Madrid, Los Libros de la Catarata, 2022.

Sandel, M., *El descontento democrático: En busca de una filosofía pública*, Barcelona, Debate, 2023.

Schuster, M., «¿Puede la izquierda latinoamericana prefigurar un nuevo contrato social?», en C. Güemes (coord.), *Construir futuro: Un contrato social para Iberoamérica*, Madrid, Fundación Carolina, 2024, págs. 25-40.

Stiglitz, J., *El malestar en la globalización*, Madrid, Taurus, 2002.

—, *El precio de la desigualdad: El 1 % de la población tiene lo que el 99 % necesita*, Barcelona, Taurus, 2015.

Subirats, J., *Otra sociedad, ¿otra política?: De «no nos representan» a la democracia de lo común*, Barcelona, Icaria, 2011.

Unión Europea, *Encuesta de invierno 2025*, Eurobarómetro del Parlamento Europeo, 2025, <https://europa.eu/eurobarometer/surveys/detail/3492>.

Urbinati, N., *Pocos contra muchos: El conflicto político en el siglo* XXI, Buenos Aires, Katz, 2023.

Vallès, J. M., «¿Regeneración democrática sin contexto?», en F. J. Llera (coord.), *Desafección política y regeneración democrática en la España actual: Diagnósticos y propuestas*, Madrid, Centro de Estudios Políticos y Constitucionales, 2016.

Van Parijs, P., e Y. Vanderborght, *La renta básica: Una medida eficaz para luchar contra la pobreza*, Barcelona, Paidós, 2006.

Verón, J. J., y C. Monge, *La iniciativa social de mediación de los conflictos del agua en Aragón*, Zaragoza, Prensas de la Universidad de Zaragoza, 2019.

Villacañas, J. L., *El lento aprendizaje de Podemos*, Madrid, Los Libros de la Catarata, 2017.

Villoria, M., *Combatir la corrupción*, Barcelona, Gedisa, 2019.

VV. AA., «Especial 15M», *Zoom Político*, Laboratorio Alternativas, n.º 4, 2011.

Žižek, S., *Contra el progreso*, Barcelona, Paidós, 2025.

Zuboff, S., *The Age of Surveillance Capitalism*, Nueva York, Public Affairs, 2018 (trad. cast.: *La era del capitalismo de la vigilancia*, Barcelona, Paidós, 2020).

Notas

1. Lo que ayer era indignación hoy ha mutado en decepción

1. E. Chávez Molina y J. Fanta, «El 15M español y el 2001 argentino: movimientos feministas como herencia de lucha social», en C. Monge, J. A. Bergua, J. Minguijón y D. Pac (coords.), *Tras la indignación: El 15M: miradas desde el presente*, Barcelona, Gedisa, 2021.

2. M. Schuster, «¿Puede la izquierda latinoamericana prefigurar un nuevo contrato social?», en C. Güemes (coord.), *Construir futuro: Un contrato social para Iberoamérica*, Madrid, Fundación Carolina, 2024.

3. N. Urbinati, *Pocos contra muchos: El conflicto político en el siglo XXI*, Buenos Aires, Katz, 2023.

4. Véase C. Monge, *El 15M, un movimiento político para democratizar la sociedad*, Zaragoza, Prensas de la Universidad de Zaragoza, 2017.

5. D. Innerarity, *La política en tiempos de indignación*, Barcelona, Galaxia Gutenberg, 2015.

6. I. Sánchez-Cuenca, *La impotencia democrática: Sobre la crisis política en España*, Madrid, Los Libros de la Catarata, 2014.

7. M. Schuster, *op. cit.*

8. M. García Villegas, «El malestar en América Latina», en C. Güemes (coord.), *Construir futuro: Un contrato social para Iberoamérica*, Madrid, Fundación Carolina, 2024, págs. 41-53.

9. *El País*, 19 de diciembre de 2023, <https://elpais.com/chile/2023-12-19/chile-cierra-el-proceso-constitucional-tras-rechazar-la-propuesta-de-las-derechas.html>.

10. Las causas de esta trayectoria electoral son diferentes en cada municipio. Para una recopilación de los datos más importantes puede consultarse E. Rodríguez, «Los "Ayuntamientos del cambio": El final de una excepción», *Ctxt*, 27 de mayo de 2019. Disponible en <https://ctxt.es/es/20190522/Politica/26358/elecciones-26-de-mayo-ayuntamientos-del-cambio-municipalismo-emmanuel-rodriguez.htm>.

11. Véase J. Estefanía, *Revoluciones: Cincuenta años de rebeldía (1968-2018)*, Barcelona, Galaxia Gutenberg, 2018.

2. Los malestares cambian pero permanecen

1. J. Stiglitz, *El malestar en la globalización*, Madrid, Taurus, 2002.

2. M. Sandel, *El descontento democrático: En busca de una filosofía pública*, Barcelona, Debate, 2023.

3. D. Rodrik, *La paradoja de la globalización*, Barcelona, Antoni Bosch, 2012.

4. Véase N. Urbinati, *op.cit.*

5. A. Rizzi, *La era de la revancha*, Barcelona, Anagrama, 2025.

6. T. Piketty, *Una breve historia de la igualdad*, Barcelona, Deusto, 2021.

7. J. Stiglitz, *El malestar en la globalización*, Madrid, Taurus, 2002.

8. J. Fernández-Albertos, *Antisistema: Desigualdad económica y precariado político*, Madrid, Los Libros de la Catarata, 2018.

9. American Political Science Association Task Force, «American Democracy in an Age of Rising Inequality», *Perspectives on Politics*, vol. 2, n.º 4, 2004, págs. 651-666, doi:10.1017/S153759270404040X.

10. World Inequality Lab, 2022.

11. Informe *Desigualdad S. A.*, 15 de enero de 2024, <https://www.oxfam.org/es/informes/desigualdad-sa>.

12. «Ni aunque tuviera dos vidas ganaría lo que mi jefe en un año: así son los mejores sueldos de la Bolsa española», *El País*, 17 de mayo de 2025, <https://elpais.com/economia/negocios/2025-05-17/ni-aun

que-tuviera-dos-vidas-ganaria-lo-que-mi-jefe-en-un-ano-asi-son-los-me jores-sueldos-de-la-bolsa-espanola.html>.

13. K. Newton y S. Zmerli, «Three Forms of Trust and Their Association», *European Political Science Review*, vol. 3, n.º 2, 2011, págs. 169-200, doi:10.1017/S1755773910000330.

14. Véase M. Villoria, *Combatir la corrupción*, Barcelona, Gedisa, 2019.

15. *Ibid.*

16. D. Acemoglu y J. Robinson, *Por qué fracasan los países: Los orígenes del poder, la prosperidad y la pobreza*, Barcelona, Deusto, 2012.

17. X. Coller, *La teatralización de la política en España: Broncas, trifulcas, algarabías*, Madrid, Catarata, 2024.

18. J. Navarro, «"Lobbying": Gestionar la influencia», en R. Sánchez Medero (dir.), *Comunicación política: Nuevas dinámicas y ciudadanía permanente*, Madrid, Tecnos, 2016.

19. A. Mbembe, «Necropolitics», *Public Culture*, vol. 15, n.º 1, 2006, págs. 11-40.

20. M. MacMillan, *La guerra: Cómo nos han marcado los conflictos*, Madrid, Turner, 2021.

3. La conversación pública, envenenada

1. H. Arendt, *La mentira en política*, Madrid, Alianza, 2022.

2. B.-C. Han, *Infocracia: La digitalización y la crisis de la democracia*, Barcelona, Herder, 2022.

3. UE, *Encuesta de invierno 2025*, Eurobarómetro del Parlamento Europeo.

4. Fundación Telefónica, *Fake news a lo largo de la historia*, 9 de octubre de 2023, <https://espacio.fundaciontelefonica.com/noticia/fake-news-a-lo-largo-de-la-historia/>.

5. CIS, *Estudio sobre audiencias de medios de comunicación social (II)*, 2025, disponible en <https://www.cis.es/-/avance-de-resultados-del-estudio-3511-estudio-sobre-audiencias-de-medios-de-comunicacion-social-ii-?redirect= %2Finicio>.

6. H. Arendt, *op. cit.*, pág. 99.

4. Una multitud aturdida por la incertidumbre, temerosa y desconfiada

1. Véanse, entre otros, A. Gutiérrez Rubí, *Polarización, soledad y algoritmos*, Madrid, Siglo XXI, 2025; CIS, barómetro de marzo de 2025.

2. IPCC, *AR6 Synthesis Report, Climate Change*, Ginebra, IPCC, 2023.

3. P. M. Forster *et al.*, «Indicators of Global Climate Change 2024: Annual update of key indicators of the state of the climate system and human influence», *Earth System Science Data*, vol. 17, n.º 6, págs. 2641-2680, 2025, <https://doi.org/10.5194/essd-17-2641-2025>.

4. U. Beck, *La sociedad del riesgo: Hacia una nueva sociedad*, Barcelona, Paidós, 1998.

5. Véase B. Mesa, *Los grupos armados del Sahel: Conflicto y economía criminal en el norte de Mali*, Madrid, Los Libros de la Catarata, 2022.

6. IPCC, *El cambio climático y la tierra: Informe especial del IPCC sobre el cambio climático, la desertificación, la degradación de las tierras, la gestión sostenible de las tierras, la seguridad alimentaria y los flujos de gases de efecto invernadero en los ecosistemas terrestres*, Ginebra, IPCC, 2020.

7. Oxfam e Instituto de Medio Ambiente de Estocolmo, *Combatir la desigualdad de las emisiones de carbono*, Oxford, Oxfam GB, 2020.

8. IDMC, *Informe global sobre desplazamientos internos*, 2024.

9. Miguel Ángel Navas-Martín, María-Antonia Ovalle-Perandones, José Antonio López-Bueno, Julio Díaz, Cristina Linares y Gerardo Sánchez-Martínez, «Population adaptation to heat as seen through the temperature-mortality relationship, in the context of the impact of global warming on health: A scoping review», en *Science of The Total Environment*, vol. 908, 2024, 168441, ISSN 0048-9697, <https://doi.org/10.1016/j.scitotenv.2023.168441>.

10. Junia Howell y James R Elliott, «Damages Done: The Longitudinal Impacts of Natural Hazards on Wealth Inequality in the United States», *Social Problems*, vol. 66, n.º 3, agosto de 2019, págs. 448-467, <https://doi.org/10.1093/socpro/spy016>.

11. UN FCCC, *UN Climate Change*, 2022; y GGCA, *Global Gender Responsive Climate Change Programme: Summary Report (Phase IV), 2014-2016*, 2016.

12. J. M. Lassalle, *Civilización artificial. Sabiduría o sustitución: El dilema humano ante la IA*, Madrid, Arpa, 2024.

13. A. Cortina, *¿Ética o ideología de la inteligencia artificial?: El eclipse de la razón comunicativa en una sociedad tecnologizada*, Barcelona, Paidós, 2024.

14. D. Innerarity, *Una teoría crítica de la inteligencia artificial*, Barcelona, Galaxia Gutenberg, 2025, pág. 33.

15. M. Coeckelbergh, *La filosofía política de la inteligencia artificial*, Madrid, Cátedra, 2023.

16. J. Echeverría y L. Almendros, *Tecnopersonas: Cómo las tecnologías nos transforman*, Gijón, Trea, 2020.

17. S. Zuboff, *The Age of Surveillance Capitalism*, Nueva York, Public Affairs, 2018 (trad. cast.: *La era del capitalismo de la vigilancia*, Barcelona, Paidós, 2020).

18. C. Larsen *et al.*, *Digital (R)evolution and Its Effects on Labour Opportunities and Challenges for Regional and Local Labour Market Monitoring*, Múnich, Rainer Hampp Verlag, 2016.

19. Véanse D. Innerarity, *op. cit.*; M. Coeckelbergh, *op. cit.*; J. M. Lassalle, *op. cit.*; y K. Crawford, *Atlas de IA: Poder, política y costes planetarios de la inteligencia artificial*, Barcelona, NED, 2023.

20. C. Castaño y M. Á. Sallé, «Empleos en la era digital: Mucho más que empleos digitales», en *Economistas sin fronteras. Transformación digital de la economía: Efectos sobre el trabajo*, Dosieres EsF, n.º 51, 2023.

21. A. Cortina, *Aporofobia, el rechazo al pobre*, Madrid, Paidós, 2017.

22. Véase J. Echeverría y L. Almendros, *op. cit.*

23. A. Giddens, *Modernity and Self-Identity: Self and Society in the Late Modern Age*, Standford, Standford University Press, 1991 (trad. cast.: *Modernidad e identidad del yo*, Barcelona, Península, 1997).

24. D. Innerarity, *op. cit.*, pág. 414.

25. Estefanía, J., «Para jugar en el patio de los mayores Europa necesita una mayor integración política», *El País*, 29 de junio de 2025,

<https://elpais.com/ideas/2025-06-29/para-jugar-en-el-patio-de-los-mayores-europa-necesita-una-mayor-integracion-politica.html>.

26. M. Arias Maldonado, *Desde las ruinas del futuro: Teoría política de la pandemia*, Madrid, Taurus, 2020.

27. Véase Z. Bauman, *Retrotopía*, Barcelona, Paidós, 2017.

28. A. Smith, *La riqueza de las naciones*, libro I, capítulo I, Madrid, Alianza Editorial, 1994.

29. X. C. Arias, *El tiempo es oro: Economía política del nanosegundo*, Gondomar, Transforma, 2024.

30. *Ibid.*

31. M. Castells, *La era de la información: economía, sociedad y cultura*. Volumen I: *La sociedad red*, Madrid, Alianza Editorial, 1997.

32. Véanse S. Levitsky y D. Ziblatt, *Cómo mueren las democracias*, Barcelona, Ariel, 2018; D. Runciman, *Así termina la democracia*, Barcelona, Paidós, 2019; A. Applebaum, *El ocaso de la democracia: La seducción del autoritarismo*, Barcelona, Debate, 2021; A. Przeworski, *Las crisis de la democracia: ¿Adónde pueden llevarnos el desgaste institucional y la polarización?*, Madrid, Siglo XXI y Clave Intelectual, 2022.

33. J. M. Vallès, «¿Regeneración democrática sin contexto?», en F. J. Llera (coord.), *Desafección política y regeneración democrática en la España actual: Diagnósticos y propuestas*, Madrid, Centro de Estudios Políticos y Constitucionales, 2016.

34. P. Norris, 2022, *op. cit.*

35. I. Sánchez-Cuenca, *El desorden político: Democracias sin intermediación*, Madrid, Los Libros de la Catarata, 2022.

36. Véanse M. Torcal y P. Christmann, *De votantes a hooligans*, Madrid, Catarata, 2023; I. Sánchez-Cuenca, *op. cit.*, y P. Norris, *op. cit.*

37. P. Norris, *op. cit.*

38. M. Hardt y A. Negri, *Multitud: Guerra y democracia en la era del imperio*, Madrid, Debate, 2004.

39. A. Ortega, *Soledad sin solitud*, Oviedo, Nobel, 2025.

40. H. Arendt, *Los orígenes del totalitarismo*, Madrid, Alianza Editorial, 2006.

5. ¿Quién nos ha robado el futuro?

1. R. Ramos, «Pensar el futuro», en D. Innerarity y E. Robledo (eds.) y C. Monge (coord.), *La humanidad amenazada, ¿quién se hace cargo del futuro?*, Barcelona, Gedisa, 2023.

2. B. González Harbour, «Peter Sloterdijk: "Vienen tiempos duros para quienes viven la vida moderna"», *El País*, 29 de enero de 2022, <https://elpais.com/ideas/2022-01-30/peter-sloterdijk-vienen-tiempos-duros-para-quienes-viven-la-vida-moderna.html>.

3. El vídeo del festival y la obra se pueden ver en <https://www.youtube.com/watch?v=dj05nUrhg-c>.

4. J. A. Sanahuja y C. López Burian, «Vox: patria y antiglobalismo», en S. Forti (ed.), *Mitos y cuentos de la extrema derecha*, Madrid, Los Libros de la Catarata y Fundación Primero de Mayo, 2023.

6. ¿Qué ha hecho la democracia por los jóvenes?

1. A. Gutiérrez-Rubí, *Polarización, sociedad y algoritmos: una radiografía de las nuevas generaciones*, Madrid, Siglo XXI, 2025.

2. BEI, 2020; PlayGround y Osoigo Next, 2022; Leiserowitz *et al.*, 2022

3. A. Gutiérrez-Rubí, *op. cit.*

4. Open Society Foundation, *Open Society Barometer: Can Democracy Deliver?*, 2023

5. Corporación Latinobarómetro, *Estudio Latinobarómetro 2023: Oleada 2023*. Madrid, JD Systems Institute

6. Centro de Investigaciones Sociológicas (CIS), *Hábitos democráticos* (Estudio 3432), 2023.

7. Véase P. Nilan, *op. cit.*

8. A. Gutiérrez-Rubí, *op. cit.*

9. Véanse, entre otros, IPSOS, *Día Internacional de la Mujer 2024: Actitudes globales ante el liderazgo femenino*, 40dB, Barómetro para *El País* y la SER, enero 2024; INJUVE, *Informe Juventud en España 2024: entre la emergencia y la resiliencia*, Madrid, Instituto de la Juventud, 2025.

10. IPSOS, *op. cit.*
11. Véase INJUVE, *op. cit.*
12. Eurostat, *More women than men held tertiary degrees in 2022*, 30 de mayo de 2023, <https://ec.europa.eu/eurostat/web/products-eurostat-news/w/ddn-20230530-3>.

7. Volver al principio

1. C. Monge, *15M: Un movimiento político para democratizar la sociedad*, Zaragoza, Prensas de la Universidad de Zaragoza, 2017.
2. Véanse, por ejemplo, P. Van Parijs e Y. Vanderborght, *La renta básica: una medida eficaz para luchar contra la pobreza*, Barcelona, Paidós, 2006; y D. Raventós, *La renta básica: por qué y para qué*, Madrid, Los Libros de la Catarata, 2021.
3. E. Ostrom, *Governing the Commons*, Cambridge, Cambridge University Press, 1990 (trad. cast.: *El gobierno de los bienes comunes*, Ciudad de México, Fondo de Cultura Económica, 2015).
4. G. Hardin, «The tragedy of commons», *Science*, vol. 162, n.º 3859, 1968 (trad. cast.: «La tragedia de los comunes», *Gaceta Ecológica*, n.º 37, Instituto Nacional de Ecología, México, 1995).
5. F. Fukuyama, *The End of History and the Last Man*, Nueva York, Free Press, 1992 (trad. cast.: *El fin de la historia y el último hombre*, Barcelona, Planeta, 1992).
6. R. Rivera, «Derecho al futuro», en D. Innerarity y E. Robledo (eds.) y C. Monge (coord.), *La humanidad amenazada, ¿quién se hace cargo del futuro?*, Barcelona, Gedisa, 2023, pág. 85.
7. S. Pinker, *En defensa de la Ilustración: Por la razón, la ciencia, el humanismo y el progreso*, Barcelona, Paidós, 2018.

8. Sanar la conversación pública

1. Comisión Europea, *A Multi-Dimensional Approach to Disinformation: Report of The Independent High Level Group on Fake News and Online Disinformation*, Communications Networks, Content and Technology, Bruselas, European Commission, 2018.

2. Véanse, entre otros, J. Posetti y K. Bontcheva, *Desinfodemia: Análisis de las respuestas a la desinformación sobre el COVID-19*, UNESCO, 2020, <unesdoc.unesco.org>; Magallón-Rosa, Molina-Cañabate y Sánchez-Duarte, «Medidas públicas y privadas para combatir la desinformación. Un análisis comparativo», *Boletim do Arquivo da Universidade de Coimbra,* vol. 35, extra 1, 2022; Comisión Europea, *Informe sobre la aplicación del Código de buenas prácticas en materia de desinformación*, 2024.

3. Th. Wood y E. Porter, «The Elusive Backfire Effect: Mass Attitudes' Steadfast Factual Adherence, Forthcoming, Political Behavior», 31 de diciembre de 2017, SSRN: <https://ssrn.com/abstract=2819073 or http://dx.doi.org/10.2139/ssrn.2819073>.

4. R. Klais, «How the public checks information it thinks might be wrong», Reuters Institute, 2025.

5. D. Innerarity, *Una teoría de la democracia compleja*, Barcelona, Galaxia Gutenberg, 2020, pág. 378.

6. B.-C. Han, *op. cit.*, pág. 71.

7. *Ibid.*, pág. 73.

9. Maximizar el bienestar dentro de los límites del planeta

1. Una versión ampliada y más detallada de este asunto se puede consultar en C. Monge, *La gran oportunidad: Cómo acelerar la transición ecológica y fortalecer la democracia*, Valencia, Tirant Lo Blanch, 2025.

2. M. Thatcher, 1989, Asamblea General ONU.

3. P. Rosanvallon, *Le bon gouvernement*, París, Seuil, 2015 (trad. cast.: *El buen gobierno*, Buenos Aires, Manantial, 2015).

4. C. Guilluy, *No Society: El fin de la clase media occidental*, Madrid, Taurus, 2019.

5. Mesa social del agua de Andalucía, conclusiones de las jornadas de 10 de enero de 2024, disponibles en <https://fnca.eu/82-ultimas-noticias/1765-la-mesa-social-del-agua-de-andalucia>.

6. J. J. Verón y C. Monge, *La iniciativa social de mediación de los conflictos del agua en Aragón*, Zaragoza, Prensas de la Universidad de Zaragoza, 2019.

7. K. Raworth, *Economía rosquilla: Siete maneras de pensar la economía del siglo XXI*, Barcelona, Paidós, 2018, pág. 51.

8. S. Žižek, *Contra el progreso*, Barcelona, Paidós, 2025, pág. 25.

9. Véase C. Monge, *op. cit.*

10. K. Raworth, *op. cit.*, pág. 53.

10. Construir los futuros que queremos

1. Véase C. Monge, *La gran oportunidad: Cómo acelerar la transición ecológica y fortalecer la democracia*, Valencia, Tirant lo Blanch, 2025.

2. G. Lakoff, *No pienses en un elefante*, Barcelona, Península, 2007.

3. R. Ramos, «Pensar el futuro», en D. Innerarity y E. Robledo (eds.) y C. Monge (coord.), *La humanidad amenazada: ¿Quién se hace cargo del futuro?*, Barcelona, Gedisa, 2023.

4. Véase PNUD, *El uso de futuros en los parlamentos: Guía para la acción transformativa*, PNUD LAC PDS, n.º 54, 2024.

5. *Ibid.*

6. A. Costas y X. C. Arias, *Laberintos de prosperidad*, Barcelona, Galaxia Gutenberg, 2021.

7. C. Güemes (coord.), *Construir futuro: Un contrato social para Iberoamérica*, Madrid, Fundación Carolina, 2024.

8. Véase A. Cortina, *Alianza y contrato: Política, ética y religión*, Madrid, Trotta, 2001.

9. Naciones Unidas, *Transformar nuestro mundo: la Agenda 2030 para el Desarrollo Sostenible*, 2015

10. C. Mataix *et. al.*, «Acelerando las alianzas transformadoras a través de incubadoras», *SDG Action*, 2021.

11. M. Mazzucato, *The Entrepreneurial State*, Londres, Penguin, 2018 (trad. cast.: *El Estado emprendedor*, Barcelona, RBA, 2014).

12. Véase A. Cortina, *Ética de la empresa: Claves para una nueva cultura empresarial*, Madrid, Trotta, 2008.

13. Véase N. Urbinati, *Pocos contra muchos: El conflicto político en el siglo XXI*, Buenos Aires, Katz, 2023.

14. Véase C. Monge, *op. cit.*

15. K. O. Apel, *Teoría de la verdad y ética del discurso*, Barcelona, Paidós / ICE-UAB, 1985.

A modo de conclusión. El lugar al que queremos llegar

1. J. L. Pardo, *Estudios del malestar: Políticas de autenticidad en las sociedades contemporáneas*, Madrid, Anagrama, 2016.

PREMIO
PAIDÓS
2026